Göttert | Deutsche Sprache. 100 Seiten

✳ Reclam 100 Seiten ✳

KARL-HEINZ GÖTTERT ist emeritierter Professor für Ältere Deutsche Sprache und Literatur an der Universität Köln. Einem breiten Publikum ist er durch Bücher zu Sprichwörtern, zur Magie und zum Aberglauben bekannt, die alle im Reclam Verlag erschienen sind.

Karl-Heinz Göttert

Deutsche Sprache. 100 Seiten

RECLAM

2017 Philipp Reclam jun. GmbH & Co. KG,
Siemensstraße 32, 71254 Ditzingen
Umschlaggestaltung: Philipp Reclam jun. Verlag GmbH
nach einem Konzept von zero-media.net
Umschlagabbildung: FinePic®
Infografiken (S. 5, 12, 79, 86): Infographics Group GmbH
Bildnachweis: S. 38, 44: Wikimedia Commons / PDM 1.0
Umschlagmaterial: Creative Print, Schabert
Druck und Bindung: Esser printSolutions GmbH,
Untere Sonnenstraße 5, 84030 Ergolding
Printed in Germany 2025
RECLAM ist eine eingetragene Marke
der Philipp Reclam jun. GmbH & Co. KG, Stuttgart
ISBN 978-3-15-020444-3

www.reclam.de | info@reclam.de

Für mehr Informationen zur 100-Seiten-Reihe:
www.reclam.de/100Seiten

Inhalt

Deutsch im Regen

Am 23. August 2015 fegt ein Taifun über Shanghai. Die ganze Nacht hat es geschüttet, am Morgen lässt er kaum nach. Nur sind jetzt 1200 Wissenschaftler unterwegs zur Eröffnungsveranstaltung der IVG, der Internationalen Vereinigung für Germanistik, die alle fünf Jahre stattfindet, diesmal an der renommierten Tongji-Universität. Die deutsche Sprache, Literatur, Kultur im Regen – ob es jemand in diesem Moment symbolisch nimmt? Kurz darauf hellt sich das Wetter auf, auch die Stimmung. In den zahlreichen Sektionen diskutieren Chinesen, Afrikaner, Nord- und Südamerikaner, Australier, Europäer über das Generalthema »Germanistik zwischen Tradition und Innovation«. Gemeint sind die deutsche Sprache, Literatur, Kultur. Steht es wirklich gut um die Tradition, und gibt es genügend Innovation? In Shanghai gibt es daran kaum Zweifel. Im fernen China ist das Deutsche für einen Moment der Nabel der Welt.

Kann man den Schwung mitnehmen bei der Betrachtung der deutschen Sprache in Deutschland? Umgeben von Problemen wie der Herausforderung durch das Englische in Wirtschaft und Handel, durch Anglizismen inmitten der Muttersprache, umgeben auch von Untergangsszenarien und Forderungen nach

Rückkehr zur »Reinheit«? Man kann. Und man kann vor allem Gründe dafür aufbieten. Die deutsche Sprache hat sich im Lauf ihrer langen Geschichte gut entwickelt. Sie ist aus zahlreichen Dialekten zusammengewachsen, hat eine gemeinsame Schriftform gefunden, sich viel von ihren Nachbarn angeeignet und dabei ihre Eigenständigkeit behauptet, ja ausgebaut. Die deutsche Sprache ist heute eine starke Sprache, in Deutschland von zahlreichen Institutionen überwacht, in der Welt be- und geachtet. Man kennt ihre Geschichte mit allen Höhen und Tiefen in zahllosen Einzelheiten. Man kann daraus lernen. Zum Beispiel die Ruhe zu bewahren angesichts neuer Herausforderungen, die als Herausforderungen nichts Neues sind.

Das vorliegende Buch wird dem nachgehen. Es behandelt die Entstehung und Entwicklung des Deutschen, stellt aber auch die Frage nach der Präsenz des Deutschen in der Welt, nach den Entwicklungen der jüngsten Zeit, die in der Wissenschaft und der Politik durch das Vordringen des Englischen bestimmt sind. Wie kann man sich dagegen behaupten, Entwicklung nicht nur erleiden, sondern möglichst mitgestalten? Was ist von den Prognosen zu halten, nach denen der deutschen Sprache der fortschreitende Rückgang, ja Untergang angekündigt wird? Stehen wir tatsächlich vor einem Verfall? Ist Rückkehr zur »Reinheit« das richtige Konzept? Leider wird die darüber entstandene Diskussion sehr emotional geführt. Man kann sie aber auch nüchtern führen. Untergangsszenarien sind jedenfalls verfehlt. Die deutsche Sprache hat noch nie in ihrer Geschichte eine derartige Festigkeit erreicht wie heute. Sie steht allerdings mehr denn je im Wettbewerb.

Große Fragen also an die deutsche Sprache! Es gibt viel Interessantes, das zwischendurch erörtert wird – Gelungenes ebenso wie Misslungenes. Aber das Ende wird auf jeden Fall versöhnlich sein. Wer die Geschichte der deutschen Sprache besser kennt – und dafür ist dieses Buch da –, wird die Zukunft gelassen erwarten. Die deutsche Sprache hat schon viel gemeistert, sie wird sich auch weiterhin gut behaupten. Und das Beste: Wir können alle daran mitarbeiten.

Stellung der deutschen Sprache

Erste Zahlen

In der Welt leben augenblicklich ca. 8,2 Milliarden Menschen, die ca. 6000 Sprachen sprechen. Dabei ist die Verteilung sehr ungleichmäßig. Während man in Europa bei 700 Millionen Einwohnern mit etwa 70 Sprachen rechnet, stellt sich Neuguinea als ein einziger Flickenteppich dar: Auf 7,5 Millionen Einwohner verteilen sich mindestens 1000 Sprachen, von denen einige nur noch von wenigen Menschen beherrscht werden. Auch auf den Philippinen und in Indonesien ist die Größenordnung mit Europa nicht zu vergleichen (Grafik S. 5). Man befürchtet im 21. Jahrhundert ein großes Sprachensterben, das natürlich besonders die Klein- und Kleinstsprachen trifft. Das *Alaska Native Language Center* beziffert den Verlust auf 90 Prozent, andere Forscher halten dies für übertrieben. Aber die Sprachen in der Welt werden definitiv weniger, viel weniger.

Daran gemessen erscheint die deutsche Sprache als durchaus gut vertreten (Grafik S. 5). Zwar gibt es viel stärkere Sprachen wie etwa das Chinesische. Auch in Europa gibt es stärkere Sprachen wie das Spanische oder Portugiesische, dies aller-

Weltsprache – Sprachenwelt

6000 Sprachen gibt es auf der Welt

Zweitsprachler   Muttersprachler   *Angaben in Millionen*

Chinesisch
1400   1200

Englisch
330
1000

Spanisch
390   330

Hindu und Urdu
470   240

Arabisch
470   220

Bengali
250   180

Russisch
250   140

Portugiesisch
200   180

Japanisch
123   122

Deutsch
96   87

700 Millionen
Europäer
sprechen
insgesamt
70 Sprachen.

70

700 Mio

7,5 Millionen
Menschen in
Neuguinea
sprechen
insgesamt
1000 Sprachen.

1000

7,5 Mio

dings aufgrund der Vertretung in den ehemaligen Kolonien. Beim Russischen liegen große Sprachgebiete außerhalb Europas. In der EU ist die deutsche Sprache mit 90 Millionen Sprechern immerhin die stärkste Sprache überhaupt, wenn man zu den Deutschsprechern aus Deutschland auch diejenigen aus Österreich, der Schweiz, Liechtenstein sowie grenznahen Regionen in den Niederlanden, in Belgien, Dänemark und Italien (Südtirol) zählt.

Das Englische verfügt zwar nur über gut 60 Millionen Sprecher in Europa. Allerdings ist es weltweit viel stärker verbreitet – ich nenne nur die Vereinigten Staaten, Indien, Australien, Südafrika. Man rechnet bei sehr vorsichtiger Schätzung mit 330 Millionen reinen Muttersprachlern, bei Hinzuziehung der Zweitsprachler wie etwa in Indien mit einer Milliarde. Insgesamt stellt die deutsche Sprache immerhin die zehntstärkste in der Welt dar (es gibt auch andere Rankings mit etwas ungünstigerem Ergebnis).

Deutsch als Weltsprache

Die heutige Stellung der deutschen Sprache in der Welt lässt sich nur im Rückblick auf die jüngere Geschichte verstehen. Dazu gehört die Tatsache, dass Deutsch noch vor weniger als 100 Jahren zu den Weltsprachen gehörte.

Am Ende des 19. Jahrhunderts hatten sich in Europa drei Staaten herausgebildet, die eine politische und wirtschaftliche Führungsposition einnahmen: Frankreich, England und Deutschland. Diese drei Staaten konnten in Europa und darüber hinaus auch in weiten Teilen der Welt ihre Sprachen durchsetzen. Für die Diplomatie war das Französische führend, für die Wirtschaft hatte sich das Englische etabliert, in der Wissenschaft spielte das Deutsche eine überragende Rolle. Es gab also verschiedene Weltsprachen für verschiedene Bereiche, aber man muss auch hervorheben, dass die noch verhältnismäßig kleine Schicht der Gebildeten bzw. Universitätsabsolventen diese Sprachen in der Regel insgesamt beherrschte.

Die Weltgeltung des Deutschen in der Wissenschaft machte sich besonders in Mathematik und Physik bemerkbar, weiter in den meisten Naturwissenschaften. Von insgesamt 286 Zeitschriften in Biologie waren 169 deutschsprachig. In wichtigen deutschen Zeitschriften lag der Anteil ausländischer Autoren zwischen 30 und 50 Prozent. Der russische Chemiker Dmitri Mendelejew veröffentlichte seine Forschungen über das Periodensystem der Elemente 1869 auf Deutsch.

Auch in Fachverbänden und in Publikationsorganen hatte Deutsch eine beherrschende Stellung. Die Internationale Astronomische Gesellschaft saß seit ihrer Gründung 1863 in Heidelberg. Die *Annalen der Physik* waren mit der Veröffentlichung von Einsteins Relativitätstheorie 1905 das führende Fachblatt geworden. Zwischen 1901 und 1914 gingen 14 Nobelpreise an deutsche Wissenschaftler. Max Planck, Nobelpreisträger 1918, konnte 1909 eine Vorlesungsreihe über Physik an der Columbia-Universität in New York auf Deutsch halten. Auch im Fernen Osten war Deutsch stark vertreten. In Japan mussten Mediziner Deutsch lernen. In Shanghai wurde 1907 eine medizinische Hochschule gegründet mit Deutsch als Unterrichtssprache – Vorläufer der eben angesprochenen heutigen Tongji-Universität.

All dies aber erfuhr einen erheblichen Rückschlag nach dem Ersten Weltkrieg. Die Siegermächte hatten im Versailler Vertrag 1919 für Deutschland einen Boykott festgelegt. Deutsche

Wissenschaftler durften nicht an internationalen Kongressen teilnehmen, neue Weltorganisationen wie der Völkerbund entstanden ohne deutsche Beteiligung. Auf dem internationalen Zoologenkongress in Berlin 1923 betrug die Zahl der auf Deutsch gehaltenen Vorträge infolge des Boykotts verschwindende 19. 1927 in Budapest schnellte sie dagegen auf 161 hoch, neben 45 englischen und 41 französischen. Der Boykott war nämlich 1926 (nach dem nachträglichen Beitritt Deutschlands zum Völkerbund) vorzeitig abgebrochen worden, nachdem es Initiativen wie die *Notgemeinschaft der Deutschen Wissenschaft* gegeben hatte, aus der später der *Deutsche Akademische Austauschdienst* (DAAD) hervorging. Und auch sonst ging es wieder aufwärts. 1932 dominierte in 359 international agierenden Institutionen noch das Französische, das Deutsche aber war sogar etwas stärker als das Englische vertreten. Weiter gab es einen Aufschwung bei den Vortragssprachen.

Aber es folgte der nächste und nun endgültige Absturz infolge des von Hitler-Deutschland ausgelösten Zweiten Weltkriegs. Seither hat das Deutsche auf allen Gebieten verloren, den Rang einer Weltsprache wohl für immer verspielt.

Deutsch in der EU

Als 1957 mit den Römischen Verträgen die Europäische Wirtschaftsgemeinschaft entstand (und im Januar des nächsten Jahres in Kraft trat), konnte Konrad Adenauer nur mit Mühe erreichen, dass alle beteiligten Staaten ihre Sprachen mitbrachten. Der französische Staatspräsident Charles de Gaulle wollte in Europa Französisch durchsetzen, der Vertrag zur Montan-Union sechs Jahre zuvor als erster Schritt zur Einigung Euro-

Beitritt zur EWG/EU

1958	Belgien, Deutschland, Frankreich, Italien, Luxemburg, Niederlande
1973	Dänemark, Großbritannien (ausgetreten: 2020), Irland
1981	Griechenland
1986	Portugal, Spanien
1995	Finnland, Österreich, Schweden
2004	Estland, Lettland, Litauen, Malta, Polen, Slowakei, Slowenien, Tschechien, Ungarn, Zypern
2007	Bulgarien, Rumänien
2013	Kroatien

pas war nur auf Französisch abgefasst. 1973 folgte der Beitritt Großbritanniens und damit der Aufstieg des Englischen. Während am Europäischen Gerichtshof in Luxemburg weiter Französisch dominierte, sprach man in Brüssel überwiegend Englisch. Die deutsche Sprache konnte sich gegen diese Dominanz nicht durchsetzen bzw. wurde von den eigenen Regierungen aus politischen Gründen von vornherein aufgegeben. Aber man muss auch die Schwierigkeiten sehen, die zu lösen waren.

Die EU ist die einzige internationale Vereinigung, die sämtliche Sprachen ihrer Mitglieder als Amtssprachen anerkennt: im Augenblick noch 24 Sprachen bei 27 Mitgliedern. Man hatte mit vier Sprachen angefangen und wohl nicht geahnt, was für Konsequenzen Artikel 1 zur Folge haben würde, der alle Sprachen für gleichberechtigt erklärte. Alle weiteren Verträge, besonders der wichtige Maastrichter Vertrag von 1992/93 und auch der Entwurf einer künftigen Verfassung, enthalten den

Passus zur Wahrung der Nationalsprachen, meist in Verbindung mit Aussagen zur Wahrung der »kulturellen und sprachlichen Vielfalt« als besonderem Merkmal der EU. In der Realität sieht dies allerdings anders aus. In Brüssel, bei der Kommission und im Ministerrat, machte man von Anfang an vom Instrument der sogenannten Arbeitssprachen Gebrauch, wozu zunächst nur Französisch und Englisch gehörten, ehe 1989 auch Deutsch hinzutrat. Damit schien die Stellung der deutschen Sprache in Europa aufgewertet. Tatsächlich wurde Deutsch in den Gremien der EU jedoch weiterhin kaum benutzt.

Man muss sich dazu klarmachen, dass im Straßburger Europa-Parlament bei Plenarversammlungen jeder Abgeordnete seine Sprache sprechen und mit Simultanübersetzung rechnen kann, zu der der größte Dolmetschdienst der Welt zur Verfügung steht. Im Jahr 2004 waren 2600 Übersetzer (externe nicht gerechnet) für den Schriftverkehr, 650 beamtete und 1460 freiberufliche Dolmetscher für die mündlichen Verhandlungen beschäftigt. Allerdings tendiert man zu kostendämpfenden Lösungen. Dazu gehört das sogenannte Relaisdolmetschen, bei dem etwa eine finnische Rede ins Englische übersetzt wird, woraus dann weitere Dolmetscher etwa ins Rumänische, Spanische oder Slowenische übersetzen. Ein weiteres Instrument der Reduzierung des Aufwands ist das Retourdolmetschen, bei dem das an sich geltende Prinzip verletzt wird, wonach ein Dolmetscher stets in seine Muttersprache (seine sogenannte A-Sprache) dolmetscht.

Die »Verpflichtung zur Vielsprachigkeit«, die 2004 angesichts der Osterweiterung noch einmal das Leitprinzip darstellte, wird also in der Realität mit Kompromissen umgesetzt. Als übergreifendes Prinzip gilt mittlerweile das (von Schweden vorgeschlagene) »Marktmodell«, ein Dolmetschen gewissermaßen à la carte. Allen Ländern wird ein Sockelbetrag zur Finanzierung des Dolmetschens zur Verfügung gestellt, mit dem sie haushalten sollen. Wird dieser Betrag überschritten, muss man selbst bezahlen. Wird er unterschritten, kann man zwei Drittel der nicht verwendeten Gelder zum Beispiel für Reisekosten der eigenen Abgeordneten nutzen, was vor allem von den fremdsprachenstarken Finnen und Schweden begrüßt wurde. Auch die Niederländer sparen, indem sie auf die englische Simultanübersetzung ihrer Kollegen zurückgreifen (die sie nicht bezahlen müssen), bei Wortmeldungen aber ihre eigene Sprache sprechen, für deren Übersetzung lediglich die Hälfte der Kosten für Aktivdolmetschen anfallen. Deutschland hat (wie vier weitere Länder) in der Vergangenheit immer wieder kräftig zugezahlt, pro Halbjahr mehr als 600 000 Euro aus dem nationalen Haushalt.

Hinter den Kulissen gibt es also ständiges Gerangel um den günstigsten Zugang zur Teilnahme an der Kommunikation. In den einzelnen Institutionen der Europäischen Gemeinschaft gibt es nirgendwo Einsprachigkeit, auch kein Plädoyer dafür, wohl aber eine »kontrollierte Mehrsprachigkeit« mit Gewinnern und Verlierern. Es ist völlig klar, dass das Englische der eigentliche Gewinner ist. Allerdings setzt die Forderung nach jeder weiteren Sprache voraus, dass die beteiligten Politiker sie lernen. Belässt man es beim Englischen allein, muss jeder nur eine einzige Fremdsprache lernen, was in der Praxis große Vorteile bietet. Der damit einhergehende Verzicht macht alle anderen Sprachen gleich, was die meisten Betroffenen als gerechter ansehen als das Pochen der »großen« Sprachen auf ihre Beteiligung. Im Übrigen betrifft dies im Wesentlichen Verhandlungen, also die mündliche Kommunikation. Auf schriftlichem Gebiet ist Vollübersetzung garantiert.

Sprachen in der EU

Die meistgesprochenen Sprachen in der EU (2015). *Angaben in Prozent*

Deutsch	Englisch	Italienisch	Französisch	Spanisch
18	13	13	12	9

Fremdsprachenkenntnis in Europa. *Angaben in Prozent*   2005 2012

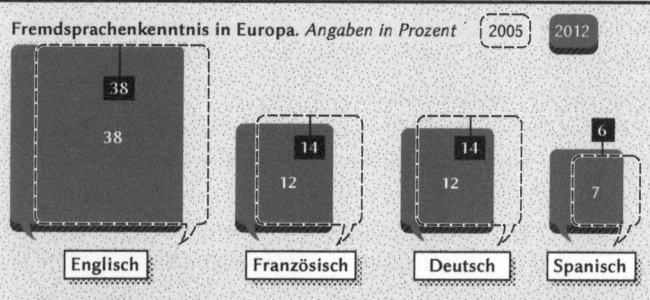

Englisch	Französisch	Deutsch	Spanisch
38 / 38	14 / 12	14 / 12	6 / 7

Auswahl der gelernten Fremdsprachen. *Angaben in Prozent. Gerundet*   2010 in Deutschland   2012 in Europa

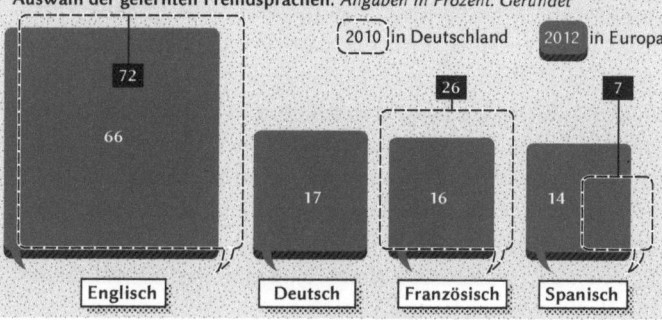

Englisch	Deutsch	Französisch	Spanisch
72 / 66	17	26 / 16	7 / 14

Eine andere Frage lautet, wieweit die Bevölkerung der EU mit oder auch trotz ihrer Vielsprachigkeit eine gemeinsame Identität ausbilden kann. Die fünf stärksten Sprachen werden von 65 Prozent gesprochen, Deutsch dominiert mit 18 Prozent, Englisch, Französisch und Italienisch folgen mit 13 bzw. 12 Prozent, Spanisch hat noch 9 Prozent. Nach Erhebungen von 2005 und 2012 sind die Fremdsprachenkenntnisse dabei sehr unterschiedlich verteilt. Englisch liegt mit Abstand stabil an der Spitze. Deutsch und Französisch folgen in einem Mittelfeld bei deutlich abnehmender Tendenz (Grafik S. 12). Um die Kommunikationsmöglichkeiten zu verbessern, haben EU-Politiker eine Wunschvorstellung formuliert: Dreisprachigkeit jedes Europäers mit Muttersprache, Englisch und der Sprache des Nachbarn.

Wenn man sich die Zahlen zum Sprachenlernen in Europa näher anschaut, ist das Ergebnis jedoch nicht besonders ermutigend: Nach einer Erhebung von 2012 wird Englisch in Europa mit Abstand am meisten gelernt, Deutsch und Französisch in etwa gleich (mit fallender Tendenz, während das Chinesische ständig steigt; Grafik S. 12). Auch in Deutschland ist das Englische klarer Favorit, Französisch kann noch am ehesten mithalten, alle anderen Sprachen liegen im einstelligen Bereich (Grafik S. 12). Es ist klar: Eine gemeinsame Sprache erwächst daraus nicht. Diese erscheint jedoch vielen Experten als unabdingbare Voraussetzung eines demokratischen Europa. Wie aber entsteht ohne gemeinsame Sprache eine europäische »Gemeinschaft«?

Eine mögliche Antwort scheint bei den Medien, vor allem den Massenmedien zu liegen. Es ist nicht nötig, dass jeder dieselbe Sprache spricht, es ist nur nötig, dass die Massenkommunikation die Probleme aller thematisiert. Das ist eine

Forderung, die in der Realität allerdings schon mehrfach ge-
scheitert ist. Ein gemeinsames »europäisches« Nachrichten-
programm wurde eingestellt, weil man in Deutschland die
Nachrichten um 20 Uhr, in Spanien um 23 Uhr erwartet. Aber
genau an diesem Problem wird zurzeit gearbeitet. Es gibt län-
derübergreifende Kooperationen wie beim TV-Sender ARTE
zwischen Deutschland und Frankreich, bei 3SAT zwischen
Deutschland, Österreich und der Schweiz. Sender wie euro-
sport oder euronews bringen die gleichen Bildprogramme in
verschiedenen Sprachen. Im Rundfunk gibt es ähnliche Be-
mühungen, der WDR betreibt mit weiteren Funk-Partnern
das Funkhaus Europa mit multikulturellen Themen und internationaler Musik.

Deutsch in den Wissenschaften

Deutsch hat also in der internationalen Politik stark verloren,
spielt auf der europäischen Bühne nur eine geringe Rolle – führend ist die Weltsprache Englisch. Wie aber sieht es in den
Wissenschaften aus, wo ebenfalls das Englische immer weiter
vordringt? Man muss dabei zwei Aspekte unterscheiden. Es
geht einerseits um englischsprachige Studiengänge an deutschen Universitäten und andererseits um die Dominanz des
Englischen als Wissenschaftssprache in den Publikationen der
Forschenden.

Für den ersten Punkt gilt die Konferenz von Bologna im
Jahr 1998 als Wendepunkt. Damals hatten die Hochschulen
der EU eine Internationalisierung vereinbart. Es entstand ein
gemeinsames zweistufiges Studium mit dem Abschluss Bachelor als erster und dem Abschluss Master als zweiter Phase.

Internationalisierung bedeutet aber nicht nur Anpassung an eine gemeinsame Organisation des Studiums (mit der Konsequenz einer besseren Vergleichbarkeit), sondern darüber hinaus die Aufforderung zur Mobilität von Studierenden und Professoren. Dazu sollte Englisch als gemeinsame Sprache beitragen.

Was den ersten Punkt betrifft, hatte man bemerkt, dass die Ströme der Studierenden an Deutschland vorbeizogen, vor allem in den anglophonen Raum, wo Ausbildung immer schon als ein Marktgeschehen begriffen wurde. Darauf sollten nun die internationalen Studiengänge reagieren. Seit 1998 wurden immer mehr Projekte in die Förderung genommen. Vor allem die Master-Studiengänge waren attraktiv, die Erfolgsquote lag hoch, wie etwa Berichte über die Technische Universität Hamburg-Harburg zeigen. Im Wintersemester 2012/13 gab es an staatlichen und privaten deutschen Universitäten zusammen 613 englischsprachige Master-Studiengänge (gegenüber 5537 deutschsprachigen). Beim Bachelor und vor allem beim Staatsexamen liegen die Zahlen deutlich niedriger (s. Grafik). Schwierigkeiten gab es allerdings ebenfalls – es mangelte nicht nur an Geld, sondern auch an Sprachkenntnissen bei Lehrenden und Lernenden. Von daher wird immer wieder gefordert, die Zahl der Studiengänge einzuschränken.

Sprachen in Studiengängen im Wintersemester 2011/12

	Bachelor	Master	Staatsexamen
englisch	110	613	7
deutsch	6721	5537	1771

Als noch weit problematischer wird hierzulande das Vordringen der Wissenschaftssprache Englisch betrachtet. Auf Kongressen, die zu diesem Thema veranstaltet werden, kann man eindringliche Mahnungen hören, Deutsch als Wissenschaftssprache zu erhalten. Speziell richtet sich die Kritik darauf, dass nicht nur Deutsch eine geringe und zunehmend geringer werdende Rolle spielt, sondern dass die Bewertung wissenschaftlicher Leistungen von amerikanischen Zitatenindices beherrscht ist, also englischsprachige Forschung für Bewerbungen auch in Deutschland ausschlaggebend wird. Ein deutscher Spitzenforscher, der in der falschen Zeitschrift oder gar auf Deutsch publiziert, hat jedenfalls kaum Chancen, auf einen wichtigen Lehrstuhl berufen zu werden. Deutsche Spitzenforschung gerät zur Nischenforschung, nur weil sie am falschen Ort publiziert wird. Inzwischen ist man dabei gegenzusteuern. Vor allem das Internet bietet mittlerweile bibliographische Möglichkeiten, die nicht nur Englischsprachiges berücksichtigen.

Eine grundsätzlichere Frage lautet, wieweit in einer Fremdsprache, für Deutsche also in erster Linie in Englisch, kreatives Forschen möglich ist. Dies wird immer wieder vehement mit sprachphilosophischen Argumenten bestritten, die aus der deutschen Romantik stammen: von Herder und Humboldt mit ihren Zuspitzungen in der amerikanischen Sprachpsychologie von Edward Sapir und Benjamin Whorf. Danach geht es um Weltbilder, die Sprache und Denken aneinanderbinden und Sprecher determinieren. Diese Theorie ist inzwischen von wichtigen linguistischen Schulen bestritten worden, darunter von Noam Chomsky und seinem sprachlichen Universalismus.

Eine gewisse Lösung des Problems liegt darin, dass Sprachen tatsächlich Sprecher lenken, aber diese Lenkung gelernt bzw. kompensiert werden kann. Die Mehrsprachigkeitsforschung kommt im Übrigen ganz überwiegend zum Ergebnis, dass das menschliche Gehirn für mehr als eine Sprache aufnahmefähig ist. Etwas anderes ist es, wenn deutsche Forschung in Deutschland, die englischsprachig zustande kommt, auch der Allgemeinheit zur Verfügung stehen muss. Dies kann und muss auf dem Weg der Übersetzung bzw. Aufbereitung vor allem für Laien erfolgen.

Um zu einem Resümee zu kommen: Deutsch gehört zu den großen Sprachen in der Welt und bietet mit Literatur, Film und den Wissenschaften einen hohen kulturellen Reichtum. Aber die deutsche Sprache muss sich mit den anderen Sprachen, vor allem dem Englischen, arrangieren. Es wird viel davon abhängen, wieweit dies mit Energie und Kreativität gelingt.

Herkunft der deutschen Sprache

Indogermanisch, Germanisch, Deutsch

Im Jahr 1783 ging William Jones, britischer Jurist mit großem Sprachtalent, nach Indien, um in Kalkutta das Oberste Gericht zu leiten. Er hatte die Idee, den Indern ein Rechtssystem zu vermitteln, das ihrer Tradition entstammte. Er fand dazu die notwendige Grundlage vor, aber es gab ein Problem. Das altindische Recht war in der uralten Sprache Sanskrit aufgezeichnet, die nur noch als Kultsprache diente. Da beschloss Jones, neben den zwei Dutzend anderen Sprachen, die er beherrschte, bei den Brahmanen Sanskrit zu lernen. Er bemerkte dabei rasch etwas, womit er nicht gerechnet hatte. Das Sanskrit erinnerte ihn an alte europäische Sprachen, an Griechisch, Latein und das germanische Gotisch zum Beispiel. Bald zeigte sich, dass Sanskrit zu einer Sprachfamilie gehörte, die sich von Indien bis Europa ausgebreitet hatte. Dies war die Geburtsstunde des Indoeuropäischen, das bei uns auch gerne als Indogermanisch bezeichnet wird.

So schwer das Erlernen des Sanskrit sein mochte, der Nachweis der Verwandtschaft indogermanischer Sprachen beruht auf vergleichsweise einfachen Beobachtungen. Bei Wörtern wie »Vater« oder »drei« zeigen sich Gleichungen: griechisch/lateinisch *pater*, englisch *father*, deutsch »Vater« und so fort. Das Gleiche bei griechisch *treis*, lateinisch *tres*, englisch *three*, deutsch »drei«. Im Finnischen heißt der »Vater« dagegen *isä*, »drei« *kolmen*. Es brach ein regelrechtes Indogermanistikfieber aus, bei dem sich die Entdeckungen überschlugen. In Deutschland war es Jacob Grimm, der auf dieser Grundlage weiterarbeitete und den für die deutsche Sprache entscheidenden Zusammenhang erkannte.

Erste (germanische) Lautverschiebung
(nur stimmlose Verschlusslaute berücksichtigt)

Wechsel	lateinisch	germanisch
p zu f	pater	dt. Vater, engl. father
t zu th	tres	dt. drei, engl. three
k zu ch	cor	dt. Herz, engl. heart

Denn Grimm stellte im Konsonantismus eine höchst bemerkenswerte Regelmäßigkeit fest: Die indogermanischen Konsonanten zeigten im Germanischen eine »Verschiebung«. Das schon genannte Wort »Vater«/*father* lautet im Griechischen/Lateinischen *pater*, das *p* erscheint demnach als *f* (oder *v* geschrieben). Aus dem Verschlusslaut wird also ein Reibelaut. Und so ist es nicht nur mit dem *p/f*, sondern auch mit den anderen Verschlusslauten. Auch da ist schon ein Beispiel genannt: Aus dem *t* im lateinischen *tres* (das für das Indogermanische steht) wird ein germanisches *th*, am besten bewahrt im englischen *three* (während das deutsche »drei« den Reibelaut schon weiterentwickelt hat). Aus dem *k/c* in lateinisch *cor* wird »Herz«. Und so bekommt man ganze Konsonantenreihen, die immer die gleiche Veränderung zeigen (die stimmhaften Konsonanten, also *b, d, g*, sind ebenfalls betroffen). Fazit: Das Germanische stammt aus dem Indogermanischen. Und weil das Deutsche eine germanische Sprache ist, stammt auch unsere Sprache daher.

Aber dies bedarf noch einer Verfeinerung. Das Germanische nämlich ist zunächst einmal eine Art Kunstbegriff, denn die germanischen Sprachen, die es bilden, sind in Schriftform nur höchst unvollkommen auf uns gekommen. Am zuverlässigsten sind Zeugnisse über das Germanische in der Form des Gotischen. Denn die Goten hatten Glück, dass ein Bischof mit Namen Wulfila im 4. Jahrhundert für seine Anbefohlenen die Bibel in die Muttersprache übersetzte. Er erfand dafür Buchstaben, die er aus dem Griechischen ableitete und mit vier Runen ergänzte. Das Original ist zwar nicht erhalten, wohl aber eine kostbare Abschrift aus der Zeit um 500, die vielleicht für Theoderich den Großen, den Ostgotenkönig, bestimmt war: der *Codex Argenteus* (weil der Text mit silberner Tinte auf purpurnen Grund geschrieben ist). Wenigstens anhand *einer* germanischen Sprache lässt sich also »das« Germanische dokumentieren. Für unsere Ohren klingt es noch einigermaßen befremdlich, wenn wir etwa im Weihnachtsevangelium nach Lukas lesen: *Warth than in dagans jainans, urrann gagrefts fram kaisara Agustau, gameljan allana midjungard* (so wörtlich wie möglich: »Wurde dann in jenen Tagen, kam ein Gebot vom Kaiser Augustus, aufzuschreiben den ganzen Erdkreis«).

Aber Gotisch ist eben auch kein Deutsch, es ist nur mit dem Deutschen als germanische Sprache verwandt. Deutsches ist dagegen zu dieser frühen Zeit leider nicht aufgeschrieben worden.

Als dieser Fall eintrat, zeigte sich eine erneute Veränderung, die abermals als Verschiebung bezeichnet werden kann (mittlerweile die zweite oder deutsche Lautverschiebung nach der ersten, germanischen). Wieder sind die Konsonanten betroffen. Vergleicht man nun englische Wörter, die den germanischen Lautstand bewahrt haben, mit deutschen, so haben wir etwa englisch *apple* und *ship* neben deutsch »Apfel« und »Schiff«, englisch *tide* und *eat* neben deutsch »Zeit« und »essen«, englisch *make* neben deutsch »machen«. Man kann auch sagen: die (stimmlosen) Verschlusslaute wandeln sich (je nach ihrer Stellung im Wort) zu sogenannten Affrikaten und Reibelauten.

Zweite (deutsche) Lautverschiebung
(nur stimmlose Verschlusslaute berücksichtigt)

Wechsel	deutsch	englisch
p zu pf/ff	Apfel/Schiff	apple/ship
t zu tz/ss	Zeit/essen	tide/eat
k zu ch	machen	make

Zieht man weitere Veränderungen dieser Art zu einem Ergebnis zusammen, ergibt sich: Eine germanische Sprache, eben das Deutsche, hat sich aus dem einst gemeinsamen germanischen Pool verabschiedet und eine *eigene* Sprache gebildet, die nun ihre eigene Geschichte entwickelte. Übrigens muss sich dies etwa im 5. Jahrhundert vollzogen haben, also noch in schriftloser Zeit. Man merkt es an Namen wie etwa dem Hunnenkönig Attila, der in lateinischen Zeugnissen plötzlich Etzel heißt – ein jedenfalls sprachlich brav lautverschobener (mit deutschem ›tz‹ aus germanischem ›t‹).

Um zusammenzufassen: Die deutsche Sprache ist also eine germanische Sprache, die wieder zur Großfamilie des Indo-germanischen gehört. Man kann deutsche Wörter, wenn man Glück hat und die entsprechenden Belege findet, zurückver-folgen, was man auch als Etymologisieren bezeichnet. Das sieht dann so aus wie etwa bei »Schiff«, wozu das *Etymolo-gische Wörterbuch* von Kluge angibt (die Abkürzungen sind aufgelöst): »Mittelhochdeutsch *schif, schef*, althochdeutsch *skif, skêf*, mittelniederdeutsch, mittelniederländisch *scip, scep*, niederniederländisch *schip*, altsächsisch, altfriesisch, angel-sächsisch, altnordisch, gotisch *skip*, englisch *ship*, dänisch *skib*, schwedisch *skepp* ›Schiff‹ führen auf germanisch *sipa-. Der nächste außergermanische Verwandte ist litauisch *skibit* ›hauen, schneiden‹: *skeib* gilt als *b*-Erweiterung zum indoger-manischen Verbalstamm *skei- ›schneiden‹, der unerweitert in mittelhochdeutsch *schie* ›Zaunpfahl‹ vorliegt ...«. Das klingt schwierig, ist auch schwierig, soll uns jedoch lediglich als Bei-spiel für die »Verwandtschaft« dienen, in der wir uns als Deut-sche bewegen.

Das Wort »deutsch«

Bei der eben gegebenen Erläuterung zur Entstehung der deut-schen Sprache liegt in einem Punkt eine Vereinfachung vor, die der Nachbesserung bedarf. Wir wissen schon, dass die deut-sche Sprache nicht in einheitlicher Form auftrat. Es gab viel-mehr die Dialekte des Fränkischen, Bairischen, Alemanni-schen und so fort, die die Lautverschiebung unterschiedlich durchführten. Wirklich komplett zeigt sich die Verschiebung nur im Süden, Richtung Norden verebbt sie, ganz im Norden hört die Verschiebung völlig auf – darüber später mehr. Als Karl der Große die Sachsen im hohen Norden besiegte und in sein Reich integrierte, gab es die deutsche Sprache nicht nur in verschiedenen Dialekten, sondern sowohl in den neuen Weiterentwicklungen wie in der alten germanischen Form. Wieso sprechen wir dann von *der* deutschen Sprache im deutschen Reich (oder dem Heiligen Römischen Reich Deutscher Nation, wie es am Ende des Mittelalters hieß)?

Die Antwort lautet: Das Wort »deutsch« hatte eine Bedeutung, die alle Unterschiede überdeckte. Es stand lediglich für »volkssprachlich«, beruht auf dem Wort *theodisk*, das aus *theod* (»Volk«) gebildet wurde. Dabei ist der erste Beleg aus dem Jahr 786 eine lateinische Übersetzung: *theodiscus*. Ein Legat schrieb damals dem Papst, dass auf einer Synode in England die Beschlüsse sowohl auf Latein wie in der Volkssprache vorgelesen wurden: *tam latine quam theodisce* – was in diesem Fall bedeutete: auf Latein und Altenglisch. Zwei Jahre später ein ähnlicher Fall. Der Bayernherzog Tassilo hatte Fahnenflucht begangen und war zum Tode verurteilt worden. In der entsprechenden Urkunde liest man von einem Vergehen, *quod theodisca lingua harisliz dicitur* (»was volkssprachlich Zerreißung des Heeres heißt«).

Den bekanntesten Beleg bieten die berühmten Straßburger Eide, mit denen Karl der Kahle und Ludwig der Deutsche das Reich Karls des Großen in einen West- und einen Ostteil aufteilten. Vor ihren Heeren verkündeten sie die Abmachung jeweils in der Sprache des Gegenübers. Ludwig der Deutsche sagte *in romana lingua* (übrigens dem ältesten Beleg des Französischen überhaupt): *Pro deo amor et pro christian poblo et nostro commun saluament ...* Karl der Kahle antwortete *in lingua teudisca*: *In Godes minna ind in thes Christianes folches ind*

unser bedhero gehaltnissi ..., was also jeweils bedeutete: »Aus
Liebe zu Gott und zu des christlichen Volkes und unser beider
Heil ...«.

Lange Zeit wurde immer nur die lateinische Vokabel verwendet, erst um 1000 begegnet erstmals das offenbar im Mündlichen schon früh vorhandene deutsche Wort für »deutsch«:
nämlich *diutisch*, also »deutsch-isch« im Sinne von »zum Volk
gehörig« – und damit in Abhebung von der anderen Sprache,
die in Deutschland für höhere Zwecke wie etwa der Politik
(bzw. der in ihr verwendeten Urkunden) gebraucht wurde:
nämlich Latein.

Tatsächlich sollte die deutsche Sprache noch ein weiteres
Mal mit einem lateinischen Wort bezeichnet werden, diesmal
so, wie es bei den meisten Völkern üblich ist, nämlich nach einem Volksstamm. Und zwar war es der Stamm der Teutonen,
die zusammen mit den Kimbern einmal fast das Römische
Reich erobert hätten. Von ihnen nämlich leitet sich das Wort
teutonicus her. Es löste den Vorgänger *theodiscus* ab, allerdings
genau in dem Augenblick, als sich endlich das deutsche Wort
tiutsch oder *diutisk* (so bei Notker dem Deutschen um 1000)
durchsetzte bzw. verbreitete. Um 1100 ist im *Annolied*, einem
Lob des Kölner Erzbischofs Anno, von *diutischi liuti, diutischi
man, diutische lant* die Rede.

Alphabetisierung

Die Bezeichnung für die Volkssprache belegt die Existenz des
Deutschen. Aber wie bekommen wir sie näher zu Gesicht?
Dies kann nur auf dem Weg der Verschriftung geschehen.
Und tatsächlich erfolgte diese Entwicklung seit dem Ende des

8. Jahrhunderts. Karl der Große baute sein Reich auf militärischen Erfolgen auf, suchte aber auch einen kulturellen Zusammenhalt. Und der war vor allem durch das Christentum gegeben. Dafür mussten christliche Texte aus dem Lateinischen übersetzt werden. Man kann sich dies nicht mühsam genug vorstellen. Die frühesten Versuche finden sich in Wort-für-Wort-Übersetzungen, die sich in Form von Randbemerkungen niederschlugen oder auch zwischen die Zeilen geschrieben wurden: sogenannte Glossen oder Interlinearübersetzungen.

Dazu bedurfte es einer Menge Vorarbeiten, vor allem mussten deutsche Ausdrücke für bislang nur im Lateinischen Geläufiges gefunden werden. Schon lange hatte man Wörter des Alltags eingedeutscht, der gesamte Hausbau war von lateinischen Vorbildern geprägt: von der »Mauer« (nach lateinisch *murus*) bis zum »Keller« (nach *cellar*). Für den Handel und Verkehr hatte man die »Straße« und die »Meile« eingedeutscht, aus dem Bereich des Rechts wären der »Kaiser« und die »Pfalz« zu nennen. Nun aber musste Schwierigeres erfasst werden, zum Beispiel ein Wort für die *resurrectio*, die »Auferstehung« Jesu von den Toten, oder das »Gewissen«, die »Beichte«, die »Sünde«. Vieles wurde bei entsprechender Gelegenheit und damit auch mehrfach erfunden. Der Zufall will es, dass ein Wörterbuch erhalten blieb, in dem ursprünglich schwierige lateinische Wörter durch leichtere erläutert wurden. Dann aber setzte sich ein Mönch hin und schrieb neben die lateinischen Beispiele deutsche Entsprechungen. Nach dem allerersten Wort ist dieses Wörterbuch benannt: als *Abrogans*, was »demütig« bedeutet, geschrieben *dheomodi*. Über 4000 deutsche Wörter insgesamt sind auf diese Weise bewahrt.

Die besseren, weil zusammenhängenden Belege bieten

In einem Wörterbuch aus der Zeit um 765, nach dem ersten Eintrag
Abrogans genannt, hat ein Mönch neben den lateinischen Begriffen
deutsche Entsprechungen notiert: für *abrogans* z.B. *dheomodi*
(»demütig«; 3. Zeile). Stiftsbibliothek St. Gallen.

Bibelübersetzungen. Es gibt frühe Zeugnisse einzelner Bibel-
bücher wie etwa des Matthäus-Evangeliums. Mehr Text bietet
eine lateinische Bibelnacherzählung, die nach ihrem syrischen
Verfasser als *Tatian* bezeichnet wird. Weil der deutsche Text
direkt neben dem lateinischen aufgeschrieben wurde, kann
man den Übersetzungsvorgang gut beobachten. Das Ganze er-
weist sich dabei als sehr wörtlich, fast als Wort-für-Wort-
Übersetzung, womit man offenbar seine Ehrfurcht vor dem
heiligen Text ausdrücken, vielleicht auch Häresien vermeiden
wollte.

Erst um 1000 taucht mit Notker dem Deutschen, einem Be-
nediktinermönch, jemand auf, der flüssiger übersetzen kann,
darunter die Psalmen aus dem Alten Testament. Weiter hat
Notker auch Wissenschaftliches berücksichtigt, darunter ganze Fachbücher zur Rhetorik und Logik, wobei nun der welt-
lich-philosophische Wortschatz eingedeutscht werden musste: *nôtfolgunga* (»Folgerung«) für lateinisch *consequentia* etwa
oder *unspaltiîg* (»ungespalten«) für *individuus* zum Beispiel.
Wie sehr er offenbar noch mit der deutschen Sprache rang,
zeigt sich darin, dass das Wort für lateinisch *causa* (»Grund«)
in elf verschiedenen Varianten vorkommt, darunter als *urhap,
ursprinc, schraft, sculd.* Übrigens ist der lateinische Text stets
mit roter Tinte, die Übersetzung und Kommentierung mit
schwarzer geschrieben – die in St. Gallen aufbewahrten Handschriften sehen ausgesprochen prächtig aus.

Alphabetisierung? Der Ausdruck wurde in etwas wei-
tem Sinne gebraucht. Die deutsche Sprache musste für die
Schriftlichkeit hergerichtet werden, musste dafür viel lernen: die aus dem Lateinischen stammenden Buchstaben auf
die eigenen Verhältnisse abstimmen, den Wortschatz er-
weitern, eine gewisse Flüssigkeit des Satzes entwickeln. Um

1000, bei Notker also, ist der Vorgang so weit abgeschlossen, dass man von einer »fertigen« deutschen Sprache sprechen kann. Nun konnten neue Kapitel aufgeschlagen werden. Nach den Übersetzern kamen die ersten wirklich eigenständigen Dichter.

Einheit in der Schriftsprache

Erste Dichter

Am Anfang der Überlieferung stehen vor allem Übersetzungen aus dem Lateinischen, fast ausschließlich geistlichen Inhalts. Nur Zufallsfunde haben kleine Dichtungen aus germanischer Zeit ans Licht gebracht wie etwa das *Hildebrandslied*, das ein Mönch auf zwei leere Seiten einer lateinischen Handschrift geschrieben hat. Es bedeutete schon viel, als man nacherzählte, statt zu übersetzen. Dazu gehört die Nacherzählung der Evangelien durch einen Unbekannten in niederdeutscher (altsächsischer) Sprache. Der Text, der den Namen *Heliand* (»Heiland«) erhielt, liest sich mit seinen Stabreimen wie ein Heldenlied voller lebendiger Szenen. Im Westen des Reiches entstand fast zeitgleich ein weiteres Großepos mit biblischem Stoff in hochdeutscher (althochdeutscher) Sprache, das den zukunftsträchtigen Endreim benutzte. Dieses *Evangelienbuch* des Otfrid von Weißenburg sollte einer beigegebenen Einleitung zufolge die Ordensbrüder von schädlicher Lektüre ungeistlichen Inhalts abbringen.

Es haben sich noch eine Reihe weiterer, stets kleinerer

Das *Hildebrandslied*, eines der wenigen überlieferten deutschen Gedichte aus germanischer Zeit, hat ein Mönch um 830–840 auf zwei leere Seiten einer lateinischen Handschrift geschrieben. Hier die erste der beiden Seiten. Landesbibliothek Kassel.

Dichtungen mit geistlichen Stoffen aus der Bibel oder dem Bereich der Legenden erhalten. Die große Wende, der Beginn wirklicher Selbständigkeit in mittlerweile mittelhochdeutscher Sprache, war mit der Aneignung und Ausgestaltung weltlicher Stoffe gegeben. Zwei Gattungen sind daran beteiligt: die Epik und die Lyrik. Beide lassen sich nicht trennen von denjenigen, für die sie geformt wurden: für die Ritter. Die erste weltliche Dichtung deutscher Sprache überhaupt ist Ritterdichtung.

Die Voraussetzungen dafür liegen im 12. Jahrhundert, vor allem in Frankreich. Dort war das Königtum schwach geworden, konkurrierende Adlige kämpften in blutigen Fehden um die Herrschaft. Da ging vom Benediktinerkloster Cluny eine Bewegung aus, die Frieden zu erreichen suchte. Aus Räubern sollten Kämpfer für die Kirche werden; sie erhielten dafür einen Titel: den des *miles christianus*, des »christlichen Ritters«. Besonders attraktiv wurde dieses Konzept im Zusammenhang einer Idee, die vom Papsttum ausging. Als die bislang übliche Pilgerfahrt ins Heilige Land aufgrund der mittlerweile eingetretenen Herrschaft der Muslime immer schwieriger wurde, entstand die Vorstellung einer »Befreiung« Jerusalems. Damit war die Idee der Kreuzzüge geboren, bei denen sich ganz nebenbei vor allem zweitgeborenen, also nicht an der Herrschaft im eigenen Land beteiligten Adligen eine Perspektive bot. Bernhard von Clairvaux arbeitete in einem berühmten Traktat das widersprüchlich erscheinende Konzept in den Einzelheiten aus: die Verbindung von Krieger und Mönch, folgsam im Glauben und tapfer auf dem Schlachtfeld.

Die Idee, zum ersten Mal ausgeführt im Orden der Tempelritter, verbreitete sich und ließ weitere Gründungen wie die der Johanniter folgen. Gleichzeitig weitete sie sich zur allgemeinen Ideologie eines Rittertums aus, das weiter das Schwert führte, es aber für Arme und Schwache gebrauchte, nicht wie früher, um rücksichtslos eigene Interessen zu verfolgen. Neben dem Kreuzritter im Heiligen Land erscheint so der christliche Ritter in Europa, auch in Deutschland, wo die Idee begierig aufgenommen wurde.

Abzulesen ist dies an der Entwicklung einer weltlichen Kultur hohen Standards, mit Formen kultivierten Auftretens, mit modischer Kleidung und prachtvollen Waffen, mit der Ausbildung von Festen und Turnieren, insgesamt mit der Inszenierung einer höfischen Welt, die sich gegen die bäuerliche eines immer gleichen Alltags formierte. Am Ende des 12. Jahrhunderts will Kaiser Friedrich I. Barbarossa selbst Ritter werden und richtet für seine beiden Söhne auf dem Mainzer Hoffest 1184 eine Schwertleite, die Zeremonie des Ritterschlags, ein. Ritter ist hinfort nicht mehr der alte *miles*, also ein berufsmäßiger Kämpfer (zu dem neben Adligen auch Unfreie gehören konnten), sondern eine Art Titel, den Adlige zur Rangerhöhung annehmen.

In diesem Umfeld aber entstehen Epen, in denen die neue adlige Kultur mit ihren materiellen Gegebenheiten vorgeführt und gefeiert wird. Eine besondere Rolle spielt dabei die Figur des legendären Königs Artus als Anführer einer Runde von Rittern, die alle ihre *aventiuren* (»Abenteuer«) erleben und dabei zeigen, was adlige Sitten bedeuten. Dazu gehört etwa Erec, dessen Taten Hartmann von Aue in einem nach ihm benannten Epos aus dem Französischen ins Deutsche übertragen hat. Dieser Erec kämpft um eine Frau, um die schöne Enite, erwirbt sie in einem ritterlichen Zweikampf, heiratet und versagt anschließend als Ritter, weil er sich in die Zweisamkeit der ehelichen Wohnung zurückzieht, seine Verantwortung für Land und Leute also aufgibt. Danach kommt es zu einer Bewährungsfahrt, auf der er in zahlreichen Kämpfen für Schwache seine Ehre wiederherstellt.

Entscheidend aber sind bei diesen Ereignissen die Schilderungen der Kämpfe selbst, des Turniers beispielsweise, das anlässlich der Hochzeit veranstaltet wird und auf dem Erec glänzt. Man erfährt also (zum ersten Mal in Deutschland), wie sich Derartiges vollzieht, wie es mit Rüstung und Waffen bestellt ist. Weiter werden Enites Kleidung und sogar ihr Pferd ausführlich beschrieben. Dabei dringt das neue Wortgut aus dem Französischen ein, vom »Banner« oder »Panzer« der Ritter, von ihrem »Waffenschmuck« (der *zimierde*) bis zum »Galopp«, vom Haarschmuck der Frauen bis zu neuen Ausstattungsstücken wie der »Matratze« oder dem »Federkissen« – 71 Ausdrücke dieser Art bietet allein der *Erec*.

Banner Federkissen
Waffenschmuck
Matratze Panzer
zimierde Galopp

Und rasch ging es weiter. Von Hartmann selbst stammt noch der *Iwein*. Wolfram von Eschenbach hat im *Parzival* den Ritter behandelt, der sich sowohl im Kreis um König Artus bewähren muss wie im religiösen Kreis um König Amfortas, den Hüter des Grals. Auch Tristan, dem Gottfried von Straßburg den großen Roman seiner tragischen Liebe zu Isolde gewidmet hat, gehört zur Artusdichtung. Etwas anderes stellt die Heldenepik dar, die im Prinzip »Historisches« (nicht *fiction* wie der Artusroman) bietet. Das frühe *Rolandslied* des Pfaffen Konrad noch aus dem 12. Jahrhundert gibt mit dem Kampf gegen die Muslime Kreuzzugsatmosphäre wieder. Das anonyme *Nibelungenlied* erzählt von Siegfried und seiner Ermordung, weil er den Betrug an Brünhild eingefädelt hatte, schließlich von der darauf folgenden Rache der Kriemhild, die zum Untergang (fast) aller Beteiligten führt. Hier kommt das Rittertum mit seinen zerstörerischen Seiten zur Darstellung.

Neben der Epik entsteht eine zweite Literaturgattung, die Lyrik. Sie entfaltet sich als Minnelied, in dem die Werbung um eine Dame im Mittelpunkt steht, meist ohne Erfüllung mit entsprechender Klage. Hier ist es das höfische Spiel nach Regeln des Anstands, das das Publikum fesselte. Letztlich wiederholt sich die Darstellung ritterlicher Treue zu seinem Herrn, nun allerdings zu einer Frau, die damit anders als in der Realität zur Herrin wird. Walther von der Vogelweide ist der große Vollender der Gattung in Deutschland gewesen. In seinen Gedichten, nach fester Silbenzahl abgezirkelt bis in die letzte Zeile, konnte man die Thematik von Liebe und Treue, von richtiger und falscher Verweigerung studieren. Aufgeführt aber wurde dies wie auch die Epik als Unterhaltung bei Hofe, im Fall der Lyrik als Gesang mit Begleitinstrument.

Prosa

Früh entwickelt sich neben der Literatur eine Darstellung von Wissen, etwa moralischer oder geschichtlicher Art. Auch diese Texte sind überwiegend in Verse gefasst wie etwa die *Weltchronik* des Rudolf von Ems oder der *Renner* des Hugo von Trimberg als große Lebens- oder Verhaltenslehre. Die eigentliche Neuheit aber sind nun Prosatexte. Noch ins 13. Jahrhundert reicht ein Versuch, auch die Artusepik in Prosa zu bieten: der *Prosalancelot*, der eine wörtliche Übersetzung aus dem Französischen darstellt. Auch erste Chroniken erscheinen nun in Prosa. Der große Durchbruch aber vollzieht sich auf neuem Ter-

Ein Reiter zeigt mit seinem Schwert die erlaubte Mauerhöhe an.
Über 300 Bildstreifen illustrieren die Heidelberger Bilderhandschrift
des *Sachsenspiegels* (Anfang des 14. Jahrhunderts).

rain: auf dem des Rechts, weiter in der nun erstmals schriftlich
festgehaltenen Predigt und schließlich in der Mystik, speziell
der Frauenmystik.

1230/35 entstand der *Sachsenspiegel* des Eike von Repgow,
verfasst in Niederdeutsch nach dem Entstehungsraum, nämlich
dem östlichen Harzvorland. Die Überlieferung übertrifft die-
jenige im literarischen Bereich um ein Vielfaches. 435 Handschriften und Fragmente liegen vor, allerdings nicht das Original – die älteste Handschrift ist schon eine Übertragung
ins Hochdeutsche. Eine Besonderheit stellen vier Bilderhand-
schriften aus der Zeit zwischen 1350 und 1400 mit jeweils fast
1000 Bildern dar, die den Text eindringlich visualisieren. Wo

es um die Höhe einer Mauer geht, sieht man etwa einen Reiter, der diese Höhe mit seinem Arm angibt. Rechtsgebärden wie der Schwur sind genau dargestellt. Auch die gesellschaftliche Ordnung als Pyramide mit dem König an der Spitze hat ihr entsprechendes Bild.

Aus der Sicht der Sprachgeschichte aber ist es besonders interessant, dass wichtige Begriffe aus dem Rechtsbereich festgehalten sind. Vieles davon existiert auch heute noch, nur eben in abgeschwächter Form. Das Wort »Ding« etwa bezeichnete einmal das »Gericht« und kommt in Zusammensetzungen vor wie »dingflüchtig« (wer dem Gericht entwich) oder »dingfest« machen (festnehmen). Auch die »Antwort« hatte einmal die Bedeutung einer rechtlich einklagbaren Reaktion des Beschuldigten. Der »Anspruch« war ein »Rechtsanspruch«, das Adjektiv »echt« bedeutete »gesetzmäßig«. Der »Fürsprecher« war derjenige, der einen Angeklagten vor Gericht vertrat, wirklich *für* ihn sprach. »Gewähr« und »Gewährleistung« sind auch heute noch in ihrem Rechtssinn neben der verallgemeinerten Bedeutung geläufig.

Der *Sachsenspiegel* war nicht nur äußerst erfolgreich, sondern zog ähnliche Werke nach sich: den *Deutschenspiegel* und den *Schwabenspiegel*, die wesentliche Teile übernahmen bzw. ihren Regionen anpassten. Wer also rechtliche Probleme hatte, konnte sich seither in seiner Muttersprache informieren. Langfristig sollte diese Entwicklung allerdings aufgehalten bzw. unterbrochen werden. Im Spätmittelalter kommt das römische

Recht zum Durchbruch, dem Lateinischen entlehnte Wörter verdrängen daraufhin deutsche. Aus dem »Fürsprecher« wird dann der »Advokat«, zahlreiche Rechtsausdrücke finden nun in latinisierter Form Verwendung. Die deutsche Sprache hat nicht nur in ihrer Anfangszeit vor allem römische Sachkultur und dann religiöse Begriffe aus dem Lateinischen übernommen, es folgen weitere Wellen der Latinisierung. Immer aber gibt es auch die Rückwendung zu deutscher Begrifflichkeit, wofür noch Beispiele folgen werden.

Das zweite große Gebiet deutscher Prosa war die Predigt. Sie reicht weit zurück ins frühe Mittelalter, wurde aber erst jetzt in großem Umfang schriftlich festgehalten. Im 13. Jahrhundert entstanden mehrere Sammlungen solcher Predigten des Franziskaners Berthold von Regensburg. Vor allem die lateinischen Predigten waren sehr weit verbreitet, weil sie als Vorlagen für eigene Predigten dienten, aber es gab auch deutsche.

Dabei weiß man heute, dass diese deutschen Predigten nicht Abschriften oder gar Protokolle der gehaltenen Rede darstellen. Sie sind vielmehr aus lateinischen Predigten übersetzt und dienten vorwiegend frommen Frauen, die kein Latein konnten, zur Lektüre. Auch die lateinischen Predigten müssen nicht auf Berthold selbst zurückgehen, sondern entstanden wohl im Konvent in Augsburg in einer gewissen Gemeinschaftsarbeit. Der Name Berthold war dann eher eine Art Markenzeichen, das auf der tatsächlich bezeugten Wirkung des Franziskaners beruhte. Legendenhaft ausgeschmückte Chroniken berichten von unglaublich hohen Zuhörerzahlen, die auch einmal die 200 000 erreichen konnten. Auf jeden Fall durchstreifte Berthold halb Deutschland einschließlich der heutigen Schweiz sowie der damaligen Siedlerregionen im Osten bis Böhmen und Mähren.

Laut zeitgenössischen Chroniken hörten den Predigten Bertholds von Regensburg so viele Leute zu, dass sie im Freien abgehalten werden mussten. Hier eine Federzeichnung, 1447. Österreichische National-bibliothek.

Aus sprachgeschichtlicher Sicht interessant sind vor allem die Themen, die Berthold behandelte. Denn er beschäftigte sich mit den Problemen der damaligen Gesellschaftsordnung, die noch strikt in Stände gegliedert war. Als Hauptgebot galt die Treue, die der Theorie nach auf wechselseitiger Unterstützung beruhte. Der Bauer hatte also den Adligen zu versorgen, dieser jenen zu schützen. Weiter sollten die Berufe in der immer arbeitsteiliger gewordenen Gesellschaft für das Wohl aller sorgen. Berthold greift dies nun auf und zeigt, welche Folgen es hat, wenn Einzelne ihre Aufgabe nicht oder nur unvollkommen wahrnehmen. Wir bekommen auf diese Weise mit der damaligen Terminologie Einzelheiten zu Gesicht, wie sie keine Chronik besser bieten kann.

Bekleidungsfachleute sollen etwa ihre Stoffe ordentlich herstellen, nicht die gute Wolle beiseiteschaffen und das Tuch anschließend mit wertlosen Haaren »strecken«. Alte Pelze würden für neue ausgegeben. Hufeisen statt aus Eisen aus Schlacke führten dazu, dass Pferde lahmten. Über Hersteller langer Messer oder Würfelmacher hat Berthold nur Verächtliches zu sagen. Dies aber gilt auch für die Händler, die keine korrekte Waage benutzen oder die Elle zu klein bemessen. Auf dem Markt wird gelogen und betrogen, übeteuertes Zeug als einmalige Gelegenheit angepriesen. Bei Brot und Fleisch, Bier und Met, Käse und Eiern geht es um die Gesundheit, wenn Krankes oder Fauliges verwendet wird. Es gibt sogar einen Hinweis darauf, wie man Luft verkaufen kann – nämlich indem man bei einem Stapel von Holzstämmen krumme in die Mitte legt.

Klar, dass Berthold all dies verurteilt, dass er seine Zuhörer zur Ehrlichkeit auffordert und mit dem ewigen Feuer droht, falls sie sich nicht daran halten. Aber gleichzeitig gibt er Einblick in die Alltagswelt, bis hin zu kleinen Dialogen, die erkennen lassen, wie damals wohl tatsächlich gesprochen wurde. Die Prosa ist so gesehen nicht nur eine neue Art der Darstellung. Sie eröffnet auch einen neuen Blick auf die Sprache in ihrer Realität. Leider müssen wir damit rechnen, dass im Zuge der Verschriftung davon wieder einiges umgewandelt wurde. Aber es klingt noch sehr frisch, wenn man in die Predigten hineinschaut. Auch die Leser und Leserinnen, für die das Ganze gedacht war, wussten schließlich, wie man sprach, und konnten nicht mit Unrealistischem abgespeist werden. Ein besseres Zeugnis für den Stand des Deutschen im nun schon beginnenden Spätmittelalter lässt sich schlicht nicht finden.

Ein nicht weniger interessantes Zeugnis gab es allerdings schon. Denn im selben 13. Jahrhundert, in dem der *Sachsenspiegel* und die Lesepredigt entstanden, entwickelte sich auch eine Gattung, die man aus heutiger Sicht am wenigsten erwartet, weil sie von einem Akteur stammt, der bislang stumm geblieben war: von der Frau. Sowohl in der Literatur wie in der Kirche ohne Stimme, meldet sie sich in der Mystik zu Wort. Zwar durften Frauen weder studieren noch sich zur Theologie äußern. Wohl aber gab es eine Art Nebenschauplatz: die geistliche Vision, der Hildegard von Bingen ein Jahrhundert vorher auf Latein zum Ausdruck verholfen hatte. Nun kommt eine neue Form dieser Vision auf Deutsch zum Durchbruch. Es sind fromme Frauen, Nonnen und Beginen, also im Kloster oder in freien Konventen lebend, die Texte verfassen.

Eine von ihnen, wohl die berühmteste, war Mechthild von Magdeburg, wieder einmal aus Niederdeutschland stammend und Niederdeutsch schreibend, auch wenn hochdeutsche Übersetzungen ihr Werk erst wirklich bekannt machten. Sie hatte ihr adliges Leben aufgegeben und lebte als Begine in Magdeburg, wo sie Visionen hatte. Ihr Beichtvater, ein Dominikaner, ermunterte sie zum Aufschreiben, worauf ein Buch mit dem Titel *Das fließende Licht der Gottheit* Gestalt annahm. Als ihr Unterfangen bekannt wurde, erntete sie Kritik, weil eine Frau als Autorin nicht anerkannt wurde. So zog sie sich in ein schützendes Kloster zurück, nach Helfta bei Eisleben. Ihr Buch aber begann zu zirkulieren, wurde in einem Kreis von »Gottesfreunden« aufgenommen, die für die hochdeutsche Übersetzung sorgten. Das Original ist übrigens wie im Fall des *Sachsenspiegels* verloren.

Wer das erste Kapitel aufschlägt, stößt auf einen Dialog mit der Überschrift: »Wie die Minne und die Königin miteinander sprachen«. Die Minne stellt dabei Gott dar, die Königin die Seele, also Mechthild. Und schon hört man in ein eigenartiges Gespräch hinein, in dem Mechthild sich bei Gott darüber beklagt, dass er seinen Sohn erst reichlich spät in die Welt geschickt und sie selbst mit äußerst unnötigen körperlichen Leiden geplagt habe. Aber es gibt dann auch ganz andere Gespräche, regelrecht Höhenflüge einer Vereinigung mit Gott, die in

Christus und die minnende Seele, um 1500. Mechthild von Magdeburg übertrug die Minnesprache auf die Schilderung religiösen Empfindens.

der Sprache der Mystik derart konkret ausgeführt sind, dass man an Blasphemie denken könnte. In seinen, also Gottes Grüßen wolle sie lebendig sterben, liest man, der Geliebte, wiederum Gott selbst, werde sie ganz umschlingen, sie ganz durchdringen, ihren Leib stehlen. Und am Ende heißt es gar: »Herr, minne mich sehr, oft und lang«, weiter: »Komm zum Brunnenschatten in das Bett der Minne, da sollt ihr euch bei mir abkühlen«.

Neben dieser Übertragung der Minnesprache auf religiöses Erleben oder Empfinden erobert sich Mechthild einen Wortschatz der Innerlichkeit, der bis heute seine Nachwirkung hat. Wörter auf *-heit* und *-keit* helfen Abstrakta zu bilden wie »Innigkeit«, »Einfältigkeit«. Wörter auf *-ung* stehen daneben, mit »Anschauung«, »Umhalsung«. Wörter auf *-nis* stecken in »Bekenntnis«, »Finsternis«. Auffällig sind Steigerungsformen mit *über-* wie in »übergroß«, »übernatürlich«, »überfließen«. Daneben gibt es Zusammensetzungen mit *voll-*, etwa in »volldanken«, »vollloben«. Die Mystik Mechthilds von Magdeburg, darauf kommt es an, erschließt der deutschen Sprache ein Vokabular der religiösen Empfindung.

Natürlich hat es Nachfolgerinnen gegeben. Und neben der Frauenmystik gibt es eine Männermystik in mehr theologischer Dimension, weil Männer eben Theologie treiben durften, ja mussten. So jedenfalls trifft es auf Meister Eckhart zu, der in seinem Dominikanerorden hohe Funktionen bekleidete, darunter die begehrte Professur in Paris erhielt. Aber gerade Meister Eckhart beschrieb eine Form der Religiosität, die mit ihrem Streben nach Gott Berührungen mit der Mystik, auch der Frauenmystik zeigt. Eine seiner Schriften, eine Anleitung für das Leben von Novizen im Kloster (die *Reden der Unterweisung*), thematisiert die Tugend der Gelassenheit, die in besonderer Weise ein religiöses Leben auszeichnet. Die Zergliederung des Seelenlebens ist dabei wieder mit einer Eroberung von sprachlichen Ausdrücken verbunden, die fortan zur Verfügung standen.

Druck und Druckersprachen

Im Mittelalter ist Literatur noch weitgehend eine Sache des mündlichen Vortrags, Schriftlichkeit dient als Stütze. Vom gesamten Minnesang wäre heute wenig übrig, wenn nicht der Zürcher Patrizier Rüdiger von Manesse zusammen mit seinem Sohn zu Beginn des 14. Jahrhunderts eine Sammlung veranstaltet und in jenen Codex übertragen hätte, dem wir heute die Erhaltung selbst so wichtiger Autoren wie Walther von der Vogelweide verdanken – gemeint ist der *Codex Manesse* oder (nach seinem heutigen Aufbewahrungsort) die *Große Heidelberger Liederhandschrift*.

Aber die Schriftlichkeit gewann immer mehr Bedeutung, im politischen Bereich wuchsen die Aktenberge. Die Erfindung der Lesebrille noch im 14. Jahrhundert zeigt, wohin die Richtung ging. Man merkt es auch an den Themen. Nicht nur, dass in der Literatur die Prosa zunimmt, ehemalige Versromane regelrecht »entreimt« werden und neue wie die von Elisabeth von Nassau-Saarbrücken im 15. Jahrhundert gleich in Prosa erscheinen. Es finden vielmehr neue Stoffe den Weg in die Schriftlichkeit: Ein *Pelzbuch* lehrt die Kunst des »Pelzens«, das »Pfropfen« bedeutet

Ohne den *Codex Manesse*, um 1300, würden wir vom Minnesang heute kaum etwas kennen. Hier eine Abbildung aus dem Codex: Schenk von Limburg. Heidelberger Universitätsbibliothek.

und in die Welt des Gartenbaus gehört. Jagdbücher berichten über Vogelfang und Hasenjagd, Koch- und Weinbücher erscheinen, Medizinisches mit Hinweisen zur Verwendung von Kräutern als Arzneien, weiter Fechtbücher, Pesttraktate, Erbauungsliteratur oder auch etwas aus der Magie mit Johannes Hartliebs *Buch aller verbotenen Kunst* aus dem Jahr 1456.

Dies ist allerdings genau die Zeit, die die Schriftlichkeit mit einem unvergleichlichen Schub versehen sollte. Denn Mitte des 15. Jahrhunderts hatte Gutenberg den Buchdruck erfunden und damit die Möglichkeit einer Vervielfältigung geschaffen, die nicht nur die Quantität von Schriftzeugnissen erhöhte. Mit dem Buchdruck erscheinen Bücher erstmals in identischer Gestalt, was die »Wahrheit« des Geschriebenen für immer verändern sollte. Die reine Quantität dürfte viele eher enttäuschen. Von Gutenbergs Hauptwerk, der 42-zeiligen lateinischen Bibel, erschienen nur ca. 200 Exemplare, 150 auf Papier, 50 auf Pergament. Zu Luthers Zeit lag die Auflagenhöhe schon bei etwa 3000, allerhöchstens 5000 Exemplaren – mehr gaben die Handpressen schlicht nicht her. Allerdings druckte man Erfolgreiches rasch nach. Dabei musste man Buchstaben für Buchstaben neu setzen, weil das Bleimaterial nur für einen einzigen Druckbogen reichte, nach dem Abzug also aus dem Rahmen entfernt wurde, um für die nächsten Seiten zur Verfügung zu stehen.

Was jedoch das Wichtigste ist: Angesichts der nun auch wachsenden Quantität stellte sich ein Problem, das man bislang übergangen hatte und – bei der geringen Reichweite der Handschriften – gut übergehen konnte: die Unfertigkeit der deutschen Sprache, die fehlende Einheit. Während des gesamten Mittelalters gab es Deutsch nur als dialektale Variante, mündlich ohnehin, aber auch schriftlich. Wer in die Handschriften der großen Werke wie der Artusepik hineinschaut,

Mit dem Buchdruck erschienen Bücher erstmals in identischer Gestalt. Gutenbergs Hauptwerk: die 42-zeilige lateinische Bibel, 1452–55. In der rechten Spalte: Beginn des ersten Briefs des Johannes.

stößt auf Bairisches, Alemannisches, Fränkisches. Zwar gab es heroische Versuche, den Wirrwarr zu überdecken, wenn Heinrich von Veldeke seine *Eneit* (den Roman von Äneas) so abfasste, dass die Reime sowohl an der Maas wie in Thüringen rein klangen – in niederdeutschem wie mitteldeutschem Gebiet also, wo nämlich jeweils Vertreter des Adels saßen, für die er dichtete. Aber die sogenannte mittelhochdeutsche Dichtersprache, von der man einmal gesprochen hat, erwies sich als Illusion. Wenn heutige Ausgaben der damaligen »Klassiker« ein einheitliches Bild abgeben, liegt das an späteren Herausgebern, die das Mundartliche schlicht übertünchten.

Dabei fand gerade um 1500 eine Entwicklung statt, die die Dialektvielfalt erheblich vereinfachte. Gewöhnt war man an den Unterschied zwischen dem Norden und der Mitte plus Süden. Im Norden herrschte das Niederdeutsche, das die zweite Lautverschiebung nicht mitgemacht hatte und damit so anders klang, dass eine Verständigung kaum möglich war. Man stieß hier, um es mit einem winzigen Beispiel anzudeuten, *op dat Rike* statt »auf das Reich« an. Aber in diesem Punkt kam es zu einer überraschenden Wende. Der Norden schloss sich im Lauf des 16. Jahrhunderts dem größeren Rest an, ging in den Kanzleien und damit im offiziellen Verkehr zum Hochdeutschen über, bewahrte das Niederdeutsche nur für die Privatsphäre. Die Norddeutschen entschieden sich damit für Zweisprachigkeit. Eine Zeitlang erschienen noch Dichtungen auf Niederdeutsch wie der *Reinke de vos* von 1498 oder der *Till Eulenspiegel* von 1515, ehe die Umstellung erfolgte und lediglich ausnahmsweise rückgängig gemacht wurde, wie im 19. Jahrhundert durch Autoren wie Fritz Reuter oder Klaus Groth.

Um die gleiche Zeit aber gab es eine andere Entwicklung, die die Gräben eher vertiefte. Im Süden bzw. Südosten hatte es zwei gravierende Änderungen im Vokalbereich gegeben, die man sich an zwei Merksprüchen verdeutlichen kann: Statt *mîn niuwez hûs* hieß es hier »mein neues Haus«, statt *lieben guoten brüeder* nun »liebe gute Brüder«. Aus Langvokalen waren also neue Doppelvokale (Diphthonge) geworden, aus Doppelvokalen Langvokale. Und nun sieht man, wie Drucker auf diese Entwicklung reagierten. Um den Absatz zu erhöhen, bedurfte es einer Entscheidung für oder gegen die neuen Vokale, und die fiel dann mehr und mehr für sie aus. In Köln etwa, wo man noch heute *ming nü Huus* sagt, druckte man die neuen Diphthonge. Geschäftstüchtigkeit half also der Einheit. Im Lauf des 16. Jahrhunderts entstand keine wirkliche, aber immer mehr Einheit – man spricht von (nur noch) vier Druckersprachen.

Besonders wichtig war in diesem Punkt der Ort, an dem Luthers Bibel erschien: Wittenberg. Aber man muss wissen: Luther schrieb nicht so, wie er es in seiner Umgebung hörte (er liebte am meisten das Niederdeutsche in Brandenburg). Er hielt sich vielmehr an die Kanzlei seines Kurfürsten Friedrich des Weisen in Meißen. Und zwar deshalb, weil das Kurfürstentum Sachsen damals zu den modernsten Staaten des Deutschen Reiches zählte – Friedrich sollte Kaiser werden, hatte dies nur abgelehnt (so dass es Karl V. wurde).

Dabei war es ein Glücksfall, dass der mitteldeutsche Osten auf natürliche Weise zwischen Norden und Süden eine gewisse Mittlerstellung hatte, nicht zu extrem Nördliches oder Südliches betonte. Und dann kam noch der weitere Glücksfall hinzu, dass die Meißnische Kanzlei mit der kaiserlich-habsburgischen in Wien kooperierte. Damit schloss sich der mitteldeutsche Osten mit dem bairisch-österreichischen Südosten zusammen – ein gewaltiger Raum, der nun nur noch gegen den mitteldeutschen Westen und den alemannischen Südwesten stand (der Norden schied ja im Rennen um die Einheit aus). Luther schwärmte in einer *Tischrede* davon, dass Kaiser Maximilian und Kurfürst Friedrich »alle (deutschen) Sprachen in eine gezogen« hätten.

Das war übertrieben, aber es war etwas daran. Und die Drucker förderten es aus wohlverstandenem Eigennutz weiter. Die Orthographie wurde regelrecht entrümpelt, die Heerscharen von Alternativen allein beim *u* (mit *u, v, uo, w, ü, ue, e, we, wh*) auf *u* reduziert. Wenn man sieht, dass ein Wort wie »pflichtig« als »phlichtig«, »phlichtich« oder »phligtig« geschrieben wurde, die Bezeichnung »Volk« als »folch«, »folchgt«, »folchk«, »folcht«, »folckh«, »volgt«, ahnt man die Mühen, aber auch den Fortschritt. Gleichzeitig einigte man sich im Wortschatz auf ein Mindestmaß an Gleichheit, sortierte die vielen dialektalen Alternativen aus.

Luthers Bibelübersetzung

Man kennt diesen Prozess vor allem aus Luthers Bibelübersetzung, in der mehrere wichtige Entscheidungen mit großer Fernwirkung fielen. Und dabei spielt eben fast immer die mitteldeutsche Variante die entscheidende Rolle, wie man es aus dem Glossar ablesen kann, das der clevere Basler (also alemannische) Drucker Adam Petri seinem Bibelraubdruck mitgab. Denn dort kann man nachschlagen, dass »Tränen« »Zähren« sind, eine »Ziege« eine »Geiß«, ein »Hügel« ein »Bühel« oder »krank« »siech« – wobei sich gelegentlich auch Niederdeutsches durchsetzte wie etwa die »Lippe«, die gegen die »Lefze« gewann.

Luthers Bibelübersetzung stellt in der Herausbildung der sprachlichen Einheit also einen Meilenstein dar. Früher wurde

Luther deshalb geradezu als »Schöpfer« der neuhochdeutschen Hochsprache gefeiert, heute weiß man, dass er eher im Strom mitschwamm. Es war so gesehen weniger Luther als die Bibel, die mit ihrer ungeheuren Verbreitung die einigende Wirkung so stark beförderte. Auflage für Auflage erschien, seit 1534 war die Gesamtbibel mit Altem und Neuem Testament fertig und wurde bis zu Luthers Tod immer wieder neu aufgelegt. Dabei ist von den Raubdrucken noch nicht die Rede, die schon 1522 einsetzten und die Wittenberger Auflagen rasch überflügelten. Insgesamt rechnet man zur Lebenszeit Luthers mit 430 Gesamt- und Teilausgaben, die sich zu mindestens einer halben Million Exemplare summieren.

Man muss wissen, dass Luther keineswegs der Erste war, der die Bibel ins Deutsche übertrug. Seit dem Frühmittelalter hatte es einzelne Vorstöße gegeben, zum Beispiel beim sogenannten *Tatian*, von dem schon die Rede war. Mehrfach wurden die Psalmen übersetzt. Um 1350 kam es sogar zur ersten Vollbibel, der »Bibel des Mittelalters«, die dann die Vorlage für den ersten Druck wurde. Johannes Mentel (oder Mentelin) aus Schlettstadt hatte dies 1466 gewagt und war damit erfolgreich gewesen, wie die alsbald einsetzenden Nachdrucke beweisen: insgesamt 13 hochdeutsche und noch zusätzlich 4 niederdeutsche, alle vor Luther. Nur hatte es sich um eine unglückliche Vorlage gehandelt, mit einem stark veralteten Deutsch, das die Nachdrucker nur teilweise verbesserten.

Schon von daher musste Luthers Übersetzung wie ein Paukenschlag wirken. Denn der Reformator wollte auf jeden Fall ein verständliches, lebendiges Deutsch, den Menschen vom »Maul« abgelesen, wie er selbst in einer berühmten Formulierung sagt. 1522 legte er die erste Tranche vor, das Neue Testament, pünktlich zur Leipziger Buchmesse, (damals noch) im

September, erschienen (daher *Septembertestament*) und so schnell vergriffen, dass schon im Dezember die zweite Auflage erscheinen musste (das *Dezembertestament*).

Die große Wirkung erklärt sich aus der Tatsache, dass Luther damals bereits ein berühmter Mann war. Auf dem Reichstag in Worms hatte er im Jahr zuvor Kaiser und Papst getrotzt, jede seiner Predigten in Wittenberg fand per Flugblatt in ganz Deutschland Verbreitung, die großen Reformationsschriften des Jahres 1520 waren binnen zwei Wochen vergriffen gewesen. Was weniger bekannt ist: Das Übersetzungsprogramm war entscheidend neu. Luther übersetzte nicht mehr aus der lateinischen *Vulgata*, sondern in Humanistenart aus den Originaltexten in ihren Originalsprachen, das Neue Testament also aus dem Griechischen, das Alte, mit dem er sofort anschließend begann, aus dem Hebräischen. Die katholischen Gegner haben dies scharf kritisiert und als Abweg aus einer mehr als 1000-jährigen Tradition gesehen, wobei noch hinzukam, dass Luther seine reformatorische Rechtfertigungslehre in die Übersetzung einbrachte. Die Stelle im Römerbrief 3,28, wo von der Rechtfertigung aus dem Glauben und nicht aus Werken die Rede ist, war der Hauptanstoßpunkt, insofern, als Luther nicht »aus dem Glauben«, sondern »allein aus dem Glauben« (*sola fide*) hingeschrieben hatte.

Luther hat dies später erläutert, und zwar als Konsequenz aus der deutschen Sprache, die im Gegensatz zum Griechischen und Lateinischen solche »Formwörter« benutze. Es geht also nicht in erster Linie um die Bewahrung der Ausgangs-, sondern um die Orientierung an der Zielsprache. Daher die Freiheiten, daher eine Syntax, die wirklich dem Deutschen entspricht. Weil Luther merkte, dass im Nebensatz das Verb zu seiner Zeit ans Ende rückte, hat er vom *September-* zum *De-*

zembertestament Dutzende von Sätzen umgestellt. Statt »heb auf dein Bett« liest man also »heb dein Bett auf«, statt »fing an Jesus« findet sich »fing Jesus an«.

Allerdings gibt es daneben auch die Rücksicht auf die Ausgangssprache. Bei der Übersetzung des sogenannten Engelsgrußes, mit dem Gabriel Maria verkündet, dass sie den Erlöser gebären werde, schreibt Luther nicht umgangssprachlich »Gott grüße dich, du liebe Maria«, sondern »Gegrüßet seist du, Holdselige«, was er der erhabenen Situation für angemessener hielt. Auch bewahrte er immer wieder Hebraismen, bewertete also die Ausgangssprache höher, um dem biblischen »Ton« gerecht zu werden. Das im Alten und im Neuen Testament vorkommende »Siehe« ist ein solcher Fall, das eigentlich grammatisch falsch ist, weil sich der Sprecher an eine Mehrzahl von Menschen wendet.

Aber insgesamt dominiert eben die Orientierung an der Zielsprache, Luther will bestmögliche Verständlichkeit, ja Eingängigkeit. Der Beginn der Weihnachtsgeschichte zeigt es besonders eindringlich (ich gleiche die Orthographie der heutigen an): »Es begab sich aber zu der Zeit, dass ein Gebot von Kaiser Augustus ausging, dass alle Welt geschätzt würde. Und diese Schätzung war die allererste und geschah zur Zeit, da Kyrenios Landpfleger in Syrien war, und jedermann ging, dass er sich schätzen ließe, ein jeglicher in seine Stadt …« Es ist diese stilistische Eleganz, die Luthers Bibelübersetzung prägt, an der er allerdings lebenslang zusammen mit seinen Wittenberger Kollegen, besonders Melanchthon, gefeilt hat. Dies gilt vor allem für das Alte Testament, das zunächst in Teilausgaben, 1534 zum ersten Mal im Rahmen einer Gesamtbibel erschien. Aber auch danach ging die Textarbeit weiter, bis zur Ausgabe letzter Hand im Jahr 1545 folgte Revision auf Revision.

Und so entstanden Formulierungen, die zu Dutzenden und Aberdutzenden zu geflügelten Worten wurden – in Georg Büchmanns Sammlung geflügelter Worte umfasst der Eintrag zur Lutherbibel 50 Seiten (für Goethe und Schiller zusammen sind es 45). Selbst die Formulierung »wider den Stachel löcken« gehört dazu, obwohl heute kaum jemand das thüringische Dialektwort »löcken« versteht, das »springen« bedeutet. Wenn man bedenkt, dass zumindest evangelische Christen jahrhundertelang gelernt haben, aus der Lutherbibel zu lesen, kann man die Dimension des Einflusses vielleicht abschätzen. Jedenfalls war das Lob der Lutherbibel in dieser Hinsicht überschwänglich, Jacob Grimm sprach von der deutschen Hochsprache als einem »protestantischen Dialekt«.

Wem das zu emphatisch klingt, der sei darauf verwiesen, dass die ersten Grammatiker der deutschen Sprache, Fabian Frangk mit seiner *Orthographia* von 1531 oder Johannes Clajus mit seiner *Grammatica Germaniae linguae* von 1578, ihre Beispiele aus der Lutherbibel bezogen.

Sprachgesellschaften

Schon vor Luther hat es in Deutschland literarische Werke auf Deutsch bzw. in deutschen Dialekten gegeben. Darunter ragt das *Narrenschiff* von Sebastian Brant aus dem Jahr 1494 heraus, eine Darstellung der Laster und Sünden der neuen städtischen Gesellschaft (Basels) in alemannischen Reimen, die nach ihrer Übersetzung ins Lateinische in ganz Europa verbreitet war. Überhaupt war es dieses Genre einer Narren- und Schwankliteratur, das das Bild prägt. Hans Sachs hat es bedient, weiter die Literatur des sogenannten Grobianismus, die sich auf flegelhaftes Benehmen spezialisierte, um damit angeblich Gutes zu bewirken. Noch das Großwerk der *Geschichtklitterung* (erste Auflage 1575, bis zur dritten von 1590 ständig erweitert) von Johann Fischart mit ihren endlosen Sprachspielereien gehört dazu.

Dabei war Dichtung nicht der einzige Antrieb bei der Entwicklung der deutschen Hochsprache. Und es kam bald etwas hinzu, was diese Entwicklung eher bremste, beinahe ausbremste: der Einfluss des Französischen. Zwar hatte Luther mit seiner Bibelübersetzung dem Deutschen die Bahn gebrochen, immer mehr deutsche Bücher drängten die lateinische Konkurrenz zurück (überholten sie aber erst 1680 bei den Druckwerken). Dafür überschwemmten jedoch französische Wörter das Deutsche und drohten es regelrecht zu ersticken. Wer mit Briefen oder Gelegenheitsgedichten Erfolg haben wollte, spickte sie mit Fremdwörtern aus dem Westen, so sehr, dass kaum noch deutsche Wörter übrig blieben. Da formierte sich die Gegenwehr.

Diese lässt sich beim Namen nennen und auch genau datieren. Am 24. August 1617 fand im Weimarischen eine Trauerfeier statt, auf der Fürst Ludwig von Anhalt-Köthen seine Gäste zur Gründung einer kleinen Institution überredete. Der Name *Fruchtbringende Gesellschaft* schloss an ein italienisches Vorbild an, das der Fürst auf seiner Kavaliersreise kennengelernt hatte: die *Accademia della Crusca* in Florenz, gegründet 1582, die, wie der Name sagt, die sprachliche Kleie vom Mehl (wir sprechen lieber von Spreu und Weizen) trennen wollte und mittlerweile ein italienisches Wörterbuch vorgelegt hatte. Überzeugt davon, dass aus den Deutschen nur etwas werden könne, wenn auch sie ihre Sprache pflegten, versammelte Fürst Ludwig alsbald immer mehr Mitglieder um sich, die an der Aufgabe mitarbeiteten.

Die großen Namen der Barockdichter sind darunter vertreten: Martin Opitz genauso wie Andreas Gryphius, daneben Theoretiker wie Philipp von Zesen oder Justus Georg Schottel(ius), die sich um grammatische und orthographische Probleme kümmerten. 1624, mitten im Dreißigjährigen Krieg, saß man einmal zusammen und diskutierte über die richtige Eindeutschung von lateinisch *materia*.

Aber das Hauptaugenmerk galt der Zurückdrängung des Französischen. In der Satzung der *Fruchtbringenden Gesellschaft*, der übrigens bald weitere Gründungen wie die *Deutschgesinnte Gesellschaft* oder der *Elbschwanenorden* (beide in Hamburg) folgten, ging es ausdrücklich um die Erhaltung und Verbesserung der »edelen hochdeutschen Sprache«, der »deutschen Helden- und Muttersprache« als patriotische Pflicht. Sprache und Sitten traten in enge Verbindung. Nur eine »unbefleckte Sprache« verbürge »unbefleckte Sitten«, hieß es, ja mit der »Verfremdung« und »Verkehrung« der Sprache sei Deutschland mehr als durch militärische Aktionen »verwüstet« worden. Entsprechend arbeitete man an einem Wörterbuch, das allerdings erst 1691 verwirklicht wurde. 1638 war immerhin der *Entwurf einer deutschen Sprachlehre* zustande gekommen, 1645 eine *Deutsche Rechtschreibung* – schon angesichts der vorwiegend evangelischen Mitglieder in der Tradition des Ostmitteldeutschen, also der Luthersprache.

Eine besondere Rolle spielten dabei Verdeutschungen französischer Wörter, bei denen sich Philipp von Zesen hervortat, ein verdienstvoller Autor, der zahlreiche literarische Werke verfasste und dafür von Kaiser Ferdinand III. geadelt wurde. Allerdings war von Zesen auch schwierig, verfocht gegen sämtliche Kollegen eine strikt phonetische Schreibung nach dem Prinzip »geschrieben wie gesprochen«. Und

Anschrift
Adresse
Passion
Leidenschaft
Meuchelpuffer
Pistole
Gesichtserker
Nase
Jungfernzwinger
Kloster

so übertrieb er die Verdeutschungen, schlug immer neue Fälle vor, von denen einige in den Wortschatz übergingen (wie »Anschrift« für »Adresse« oder »Leidenschaft« für »Passion«), andere aber auch schon damals lächerlich wirkten (wie »Jungfernzwinger« für »Kloster« oder »Meuchelpuffer« für »Pistole«) – nur der »Gesichtserker« für »Nase« erwies sich als eine böswillige Erfindung seiner Gegner.

Insgesamt ist die Entwicklung des Deutschen ohne die Sprachgesellschaften schwer zu denken. Das Thema war gewissermaßen verhandlungsfähig, die deutsche Sprache zu einem Kennzeichen der Nation geworden, die vorläufig ja lediglich Kulturnation war, ohne staatliche Einheit – das Deutsche Reich blieb bis 1871 ein Flickenteppich. Allerdings hatte es noch an wesentlichen Voraussetzungen gefehlt. Die Vorstellungen von der Herkunft der Wörter waren noch abenteuerlich. Von Zesen glaubte, die deutsche Sprache stehe derjenigen Adams am nächsten, leitete den »Hals« von »hallen« ab und sah im *a* die »durchdringende Kraft des Wassers« gebündelt, während man im *u* das »sanfte Steigen und Schweben der Luft« vernehmen könne. Notwendig war schlicht mehr Wissen, und das kam dann auch wirklich.

1663 legte Justus Georg Schottel(ius) ein doppelbändiges Werk mit zusammen 1460 Seiten vor, die *Ausführliche Arbeit Von der Teutschen HaubtSprache*. Schottel war noch von Fürst Ludwig in die *Fruchtbringende Gesellschaft* aufgenommen worden und verfolgte ein klares Programm: Bildung einer Hochsprache, die sich aus *allen* Dialekten speisen sollte. Gelehrte (wie er selbst) sollten die Auswahl treffen, wobei Luther bzw. dem Ostmitteldeutschen durchaus eine bevorzugte Stellung eingeräumt wurde.

Dabei ging es immer noch nebenbei gegen das Französische. Das Deutsche besitze, so heißt es dort, genügend »Stammwörter«, aus denen sich alles bilden bzw. zusammensetzen lasse, was man brauche – mit Kombinationen wie »Land-stadt« und »lilien-weiß«, »Augen-diener« oder »ab-kneifen«, auch Längerem wie »Ober-berg-haupt-mann« oder »Vor-teil-haf-tig-keit« zum Beispiel. Bei aller Orientierung am »Gebrauch« gelte es, eine »Grundrichtigkeit« zu berücksichtigen, die Schottel in vielen Einzelheiten beschreibt: mit der Abschaffung von überflüssigen Buchstaben zum Beispiel, worunter allerdings auch das Dehnungs-*h* fällt, so dass er »Schu« statt »Schuh« zu schreiben vorschrieb. Wenn er jedoch für »Pferd« gegen »Pfert« plädierte, tat er dies, weil es im Genitiv eben »Pferdes« heißt und das Wort fürs Auge in allen Deklinationsstufen möglichst gleich aussehen sollte. Die Erhöhung des Deutschen zur Haupt- und Ertzsprache als patriotische Pflichtübung zusammen mit einigen polemischen Bemerkungen gegen den westlichen Nachbarn gehörten noch zum Unverzichtbaren im sprachlichen Selbstbehauptungskampf.

Aufklärung

Weniger als eine Generation später war die Situation noch keineswegs bereinigt, aber die Mittel verbesserten sich weiter. Als Gottfried Wilhelm Leibniz 1683 seine *Ermahnung an die Deutschen, ihren Verstand und ihre Sprache besser zu üben* veröffentlichte, benannte er zum ersten Mal klar den eigentlichen

Grund der Probleme: das Fehlen eines zentralen Hofes wie in Paris oder London, stattdessen Religionszerrissenheit und viel Krieg. Daher also das »Franzenzen und Fremdenzen«, das auf lange Sicht mit dem korrekten Sprechen auch das korrekte Denken untergraben musste. Nur war Leibniz selbst der sprichwörtliche Bock, der sich in diesem Falle sogar selbst zum Gärtner machte, denn Leibniz schrieb lebenslang alle seine bedeutenden Werke entweder auf Französisch oder auf Latein. In diesem Punkt musste man denn doch noch einmal eine Generation lang warten, ehe der als erster Aufklärer geltende Schüler und Propagator von Leibniz, Christian Wolff, die Bühne betrat.

Wolff war Philosoph mit weitgespannten Interessen, schrieb ein Werk nach dem anderen über Themen wie Moral oder Politik. Aber er tat dies nicht nur auf Latein, sondern im Parallelschritt auch auf Deutsch. So las man denn etwa *Vernünfftige Gedancken von der Menschen Tun und Lassen zu Beförderung ihrer Glückseeligkeit* oder dasselbe noch einmal *von deren gesellschaftlichem Leben*, Ersteres 1720, das Nächste 1721. Warum auf Deutsch, hat er selbst begründet: In der Muttersprache verstehe man eben alles einfacher und besser. Entsprechend deutschte Wolff die philosophische Terminologie konsequent ein, sprach bzw. schrieb von »Urteil« oder »Beweisgrund«, »Brennpunkt« oder »Gleichung«, »Erdferne« oder »Polhöhe«. Möglicherweise griff er auf die Sprache der mittelalterlichen Mystik zurück, mit »Einfluss« oder »Bewusstsein«, nahm überhaupt auch Traditionelles auf, wenn es ihm dienlich war. In der Politik benutzte er beispielsweise Begriffe wie das »gemeine Wesen« oder die »hohe Lands-Obrigkeit«, in der Moral sprach er einmal höchst anschaulich vom »Schlaff des Gewissens« als einer »Unachtsamkeit auf unser Thun und Lassen«.

Weil Wolff in Deutschland eine Schule gebildet hatte, überall entsprechend Wolffianer wirkten, verbreitete sich das Anliegen, auch wenn der französische Einfluss noch lange nachwirkte. Aber er wurde bekämpft. Als Johann Christoph Gottsched, ebenfalls geschworener Wolffianer, in Leipzig nach englischem Vorbild eine Moralische Wochenschrift mit dem Namen *Vernünftige Tadlerinnen* herausgab (1725/26), war selbstverständlich eines der »Stücke« dem französischen Komplimentierwesen mit seinen »gekünstelten und schwülstigen Redens-Arten« gewidmet. Als abschreckendes Beispiel wird ein Brief zitiert: »Eure Exellence werden pardonieren ... daß ich als Dero client mir die Permission ausgebeten zu dem mit aller Prosperité angetretenen Neuen Jahre mit gehorsamsten Respecte und tieffen Submissio zu gratuliren ...« Alles voller Französisch (und Latein) also, mit dem nun endgültig Schluss sein sollte. Die Ersetzung durch deutsche Ausdrücke wird dann direkt vorgeführt, *contentement* mit »Vergnügen«, *plaisir* mit »Belustigung«, *civilité* mit »Höflichkeit« und so fort.

Dabei griff Gottsched das Problem auch von seiner theoretischen Seite her an, gab 1748 die *Grundlegung einer deutschen Sprachkunst* heraus, in der er die sprachliche Einheit (wie in der Aufklärung üblich) über »Regeln« zu definieren suchte. Ausdrücklich sollten diese Regeln aus dem »Gebrauch« hervorgehen, auf der »größten Anzahl übereinstimmender Exempel« beruhen. Aber unter der Hand bevorzugte er dann doch eine bestimmte Region: wieder einmal die ostmitteldeutsche, die Region der Bibelübersetzung. Johann Jacob Bodmer und Johann Jakob Breitinger, die Hauptgegner Gottscheds auf dem Gebiet der Poetik, beschwerten sich entsprechend über die »sächsische Tyrannei«, mit der sowohl der Leipziger Gottsched persönlich wie die Region als solche gemeint war.

Der wissenschaftliche Durchbruch kam denn auch nicht mit dem Allrounder Gottsched, sondern mit einem Spezialisten. Es war Johann Christoph Adelung, der zunächst als Privatgelehrter, dann als Bibliothekar an der kurfürstlichen Bibliothek in Dresden das maßgebliche Werk zur deutschen Sprache schrieb: das *Grammatisch-kritische Wörterbuch der Hochdeutschen Mundart* in fünf Quartbänden, erste Auflage 1774–84, zweite Auflage 1793–1801. Daneben erschien 1781 die *Deutsche Sprachlehre* im Auftrag des preußischen Kultusministeriums, gedacht für den Deutschunterricht an den Gymnasien. Fügen wir hinzu, dass etwa Goethe im »Adelung« nachschlug, wenn er sich unsicher war.

Dabei beruhte das Konzept wieder einmal auf einem Ausgleich der vorhandenen Vielfalt, sprich: der Dialekte. Nur nahm Adelung dieses Prinzip wirklich ernst, bezog also auch die oberdeutschen Dialekte mit ein, das von Gottsched noch ganz an den Rand gedrängte Alemannische vor allem. Allerdings war Adelung klar, dass es ohne Leitvarietät nicht gehen werde. Dafür aber kam auch bei ihm nur das Sächsische in Frage. Es sei nun einmal »durch einen blossen Zufall die herrschende (Mundart) geworden«, liest man, wobei mit Zufall die Bibelübersetzung Luthers gemeint ist. Für die endgültige Auswahl aber berief sich Adelung nicht mehr auf viel zu künstliche »Regeln«, sondern auf den »Gebrauch«. Er wollte »nur der Sammler und Herausgeber der von (der Nation) gemachten Gesetze« sein. Man merkt, wie die Aufklärung in diesem wichtigen Punkt einen Schritt weiterkommt, zu Grundsätzen überleitet, die die Klassik bestimmen (mit vor allem Herder'schen Ideen eines natürlichen Wachstums etwa).

Nachzuschlagen ist dies nun in 55 000 Artikeln, die auch nicht vor »niedriger und pöbelhafter Sprache« haltmachen, so dass man also auch etwas zu »Arsch« oder »Rotzlöffel« findet. Wer das Stichwort »Beruf« sucht, stößt auf Ausführungen zum »eigentlichen« Gebrauch (dem Amt), zum »figürlichen« im Sinne von Neigung oder Bewegungsgrund, weiter auf etwas zu dem, wozu man berufen worden ist und so weiter – eine genaue Beschreibung also des Anwendungsbereichs, wie er aus den Quellen zu erschließen ist. Natürlich fehlte es nicht an Kritik. Christoph Martin Wieland, gebürtiger Schwabe, beschwerte sich über die immer noch viel zu geringe Berücksichtigung des Oberdeutschen und sprach von einem erneuten »meißnischen Diktat«.

Das nächste große *Wörterbuch der Deutschen Sprache in 5 Theilen*, das Joachim Heinrich Campe 1807–13 herausgab, reagierte nicht auf diese Form von Kritik, sondern nahm die ältere Tradition der Sprachpflege auf – mit einem großen Ver-

Deutsche Wörter statt Fremdwörter

Durchgesetzt – oder neben den Fremdwörtern behauptet – haben sich etwa: Altertum für Antike, Erdgeschoss für Parterre, Feingefühl für Delikatesse, Hochschule für Universität, Stelldichein für Rendezvous, Schreckensherrschaft für Terrorismus, Zerrbild für Karikatur, Mannweib für Amazone, Einzahl für Singular, Mehrzahl für Plural. **Nicht durchgesetzt haben sich:** Geistesanbau für Kultur, Zwischenstille für Pause, Dörrleiche für Mumie, Haarkräusler für Friseur, Scheidekunst für Chemie, Lotterbett für Sofa, Lusthöhle für Grotte, Zitterweh für Fieber, Schalksernst für Ironie, Schweißlöcher für Poren, Menschenschlächter für Soldat, Zwangsgläubiger für Katholik.

deutschungsprogramm vor allem aus dem immer noch dominierenden Französischen. Campe verband damit eine pädagogische Idee, nämlich Rücksicht auf die weniger gebildeten Schichten unter dem Einfluss der Demokratie, wie sie sich gerade in der Französischen Revolution herausgebildet hatte. Mehr als 11 000 »Fremdwörter« sind also ersetzt, 300 von diesen Ersetzungen gingen in den Gebrauch ein wie etwa »Erdgeschoß« für »Parterre« oder »fortschrittlich« für »progressiv«, während der »Zwangsgläubige« für »Katholik« oder der »Menschenschlächter« für »Soldat« auf der Strecke blieben. Wieland hat sich in diesem Fall übrigens über den »Sprach-Jakobinismus« aufgeregt oder lustig gemacht.

Klassik

Die Aufklärung hat der deutschen Sprache einen Auftrieb gegeben, der auch an Zahlen ablesbar ist. 1740 lag der Anteil deutscher Schriften noch bei 70 Prozent, 1800 überschritt er 95 Prozent. Gleichzeitig hatte sich in der Schrift endlich ein gemeinsames Hochdeutsch herausgebildet, an dem wenigstens im Prinzip alle Regionen teilnahmen. Immer noch gab es kleinere Schwankungen im Wortschatz, was dazu führte, dass Adelung in seinem *Wörterbuch* einen Großen wie Lessing ausschloss, weil er aus Schlesien stammte und gelegentlich Schlesisches untermischte. Dabei gehörte gerade Lessing zu denen, die die Flexibilität des Deutschen auf einen ersten Höhepunkt trieben. Seine Essays lesen sich so flüssig wie beim mündlichen Sprachgebrauch, wirken in ihrer Lebendigkeit wie ein frühes Feuilleton. Überhaupt ist dies das Kennzeichen der neuen Zeit: Die deutsche Sprache strebt nach »Natürlichkeit«, sucht das Aktenzeitalter ebenso abzustreifen wie steife Gelehrsamkeit (die noch für Wolff oder Gottsched kennzeichnend war).

An diesem Schub aber ist wieder einmal die Dichtung beteiligt, zunächst in der Form des Protestes, wie sie der Sturm und Drang darbot. Herder hatte die Richtung vorgegeben, wenn er bloße Rationalität verdächtigte und stattdessen pralle Bilder oder überquellenden Reichtum, der auch Mundartliches einschloss, empfahl. Goethe hat einige von diesen Ideen aufgegriffen und in Lyrik, Drama und Roman umgesetzt. Wer das Gedicht *Willkommen und Abschied* liest, stößt auf ungrammatische Formulierungen wie »Es schlug mein Herz. Geschwind, zu Pferde! / Und fort, wild wie ein Held zur Schlacht ...« Im *Götz von Berlichingen* experimentiert Goethe mit Gassensprache: »Soll ich von der Leber weg reden?« Im *Werther* scheinen die Grenzen der Syntax aufgehoben: »Tu' ich's jetzt nicht, so geschäh' es niemals«. Sprachschöpferisches macht sich in neuen Komposita bemerkbar, in »Sternenblick« oder »schlangenwandelnd«, in »entgegenglühen« oder »entjauchtzen«. Schiller sekundiert mit Hyperbolischem wie in den *Räubern* mit dem Geschimpfe von Karl Moor über das »schlappe Kastratenjahrhundert«, in dem »Bierhefe den Menschen (muss) fortpflanzen helfen«.

Aber es blieb nicht dabei. Als der Verleger Georg Joachim Göschen 1787–90 eine Gesamtausgabe Goethes vorlegte, hatte dieser seine Sturm-und-Drang-Werke überarbeitet, die schlichte Prosa einer ersten *Iphigenie* in Versform verwandelt, wo man nun las:

Heraus in eure Schatten, rege Wipfel
Des alten, heil'gen, dichtbelaubten Haines,
Wie in der Göttin stilles Heiligtum,
Tret' ich noch jetzt mit schauderndem Gefühl ...

August Wilhelm Iffland
als Franz Moor in
Schillers Schauspiel
Die Räuber.

Allein der Spannungsbogen bei »Heraus ... tret ich« lässt die alte Devise einer bloßen Natürlichkeit vergessen, das Vokabular ist ausgesprochen edel, gewählt. Es gibt nichts Vulgäres mehr, dafür Typisierendes wie die »heilige (Quelle)«, den »bitteren (Schmerz)«. In *Wilhelm Meisters Lehrjahren*, ebenfalls Umarbeitung einer Sturm-und-Drang-Fassung, liest man einmal statt von »hageren, langnäsigen, weitbrüstigen« von »in der Nähe hässlich erscheinenden Tänzerinnen«.

Ähnliches gilt für Schiller, bei dem nun kunstvolle rhetorische Parallelismen und Chiasmen mit scharfen Antithesen wiederkehren wie etwa im Gedicht *Die Künstler*:

Wie schön, o Mensch, mit deinem Palmenzweige
Stehst du an des Jahrhunderts Neige,
In edler stolzer Männlichkeit,
Mit aufgeschlossnem Sinn, mit Geistesfülle,
Voll milden Ernsts, in tatenreicher Stille,
Der reifste Sohn der Zeit,
Frei durch Vernunft, stark durch Gesetze,
Durch Sanftmut groß, und reich durch Schätze …

Drama für Drama entwickelt die klassischen Ideen von Humanität und Freiheit, von moralischer Autonomie, die sich gerade im Untergang bewährt – in gehobener Sprache. Als »klassisch« gilt sie, weil sie an den antiken Vorbildern einer rhetorisch durchgeformten Kunst in Poesie und Architektur orientiert ist, die Goethe am Ursprungsort, in Italien, kennengelernt hatte und als Vorbild empfand. Nicht zu übersehen ist allerdings auch eine Tendenz ins Sentenziöse, das bereits die romantischen Nachfolger bemängelten. Das Bildungsbürgertum des 19. Jahrhunderts aber war begeistert und entnahm gerade Schiller zahlreiche geflügelte Worte wie »Doch große Seelen dulden still« aus *Don Carlos* und all die Sprüche aus der *Glocke*: »Doch der Segen kommt von oben« ebenso wie »Wehe, wenn sie losgelassen« oder »Denn das Auge des Gesetzes wacht«.

Es ist schon erstaunlich: Während Goethes und Schillers Werke zu ihrer Entstehungszeit in der geringen Auflagenhöhe von 1000 bis höchstens 4000 Exemplaren erschienen, bildet sich postum geradezu ein Hype aus. Von Schillers 18-bändiger Gesamtausgabe von 1822–24 setzte Johann Heinrich Campe binnen kurzem 50 000 Exemplare ab, von der neuen Auflage von 1827–31 sogar 100 000. Als das Monopol im berühmten »Klassikerjahr« 1867 fiel, eröffnete Anton Philipp Reclam seine

Universal-Bibliothek mit Goethes *Faust* als erstem Band, dessen Absatz alles Bisherige überbot. Die klassische Humanitäts-ideologie passte perfekt zu den kulturellen Ambitionen eines aufsteigenden Bürgertums, das von politischer Beteiligung weiterhin ausgeschlossen war und sich in der Welt der Literatur ein eigenes Reich schuf.

Allerdings durchdrang damit auch die Sprache der Klassik alle Bereiche des Lebens der damaligen gebildeten Schichten. Schon 1842 wurden Goethe und Schiller Schulstoff, die Lehrbücher der Grammatiker ebenso wie der Stilkritiker griffen auf sie bzw. ihre Werke zurück. Während sich in der rauen Wirklichkeit allmählich der Schwerpunkt der sprachlichen Erzeugnisse in die Zeitungen und Populärliteratur verlagerte, griffen Arthur Schopenhauer, Friedrich Nietzsche oder Karl Kraus das Zeitungsdeutsch als »Verhunzung« der Sprache und Weg in den geistigen Untergang an. Sie sollten sich jedoch irren. Es war gerade das Feuilleton, das mit seiner Breitenwirkung die Entwicklung der deutschen Schriftsprache nachhaltig prägte.

Sprachwissenschaft und Sprachpflege

Jede Nation, die etwas auf sich hält, entwickelt für ihre Sprache ein Wörterbuch. Aber das eine ist nicht wie das andere. Die Wörterbücher von Adelung und Campe entsprachen noch dem aufklärerischen Paradigma von Reinigung und Regulierung. Im späten 18. und dann im 19. Jahrhundert aber setzte sich eine andere Sprachauffassung durch. Seit der Entdeckung der Verwandtschaft des indischen Sanskrit mit den germanischen Sprachen Europas stehen Fragen der Entwicklung, der Unterschiede und Gemeinsamkeiten im Vordergrund. Sprache wird als etwas Lebendes gesehen, das nicht zu regulieren, sondern in seinem Aufbau zu verstehen ist.

William Jones hatte in Indien die grundlegende Entdeckung gemacht, Franz Bopp daraus eine frühe Indogermanistik entwickelt, Rasmus Rask erste Konsequenzen für die germanischen Sprachen gezogen. Jacob Grimm knüpfte an all dies an und arbeitete eine wissenschaftliche *Deutsche Grammatik* in vier Bänden aus, mit der er letztlich die Germanistik begründete. Dabei ging es um ein exaktes Vorgehen wie in den damaligen Naturwissenschaften. Dies beruhte auf der »genetischen« Methode: auf der Herleitung der Wörter nach den Prinzipien des systematischen Lautwandels, der beim Vergleich der Sprachen und Sprachstufen entwickelt wurde. Wenn man zum Beispiel weiß, dass ein indogermanisches *p* im Germanischen (in der ersten Lautverschiebung) ein *f*, *d* ein *t* wird, kann man zeigen, dass englisch *foot* mit lateinisch *pes/pedis* verwandt ist. Wenn man weiter weiß, dass germanisches *d* im Deutschen *t* wird, dieses *t* sich aber in einer weiteren Entwicklungsstufe (der zweiten Lautverschiebung) in ein scharfes *s* verwandelt, kommt ein deutscher »Fuß« zustande. Deutsch und Englisch sind beide germanische Sprachen, aber das Deutsche löst sich aus diesem Germanischen mit einem weiteren systematischen Lautwechsel heraus.

So etwas also beschreibt nun eine Grammatik. Jacob Grimm aber kam zusammen mit seinem Bruder Wilhelm auf die Idee, auf dieser Grundlage auch ein Wörterbuch zu erstellen: das berühmte *Deutsche Wörterbuch*, dessen erste Lieferung 1852 erschien, die letzte (lange nach dem Tod der Gründer) 1960. Denn das Brüderpaar sammelte nicht nur Wörter und beschrieb ihre Verwendung, sondern diesmal bezog sich das Sammeln auf den langen Weg der Entwicklung dieser Wörter,

Die Brüder Wilhelm und Jacob Grimm, um 1850. Die Autoren der *Deutschen Grammatik* und des *Deutschen Wörterbuchs* gelten als die Begründer der Germanistik.

die in deutschen Zeugnissen und im Vergleich mit den Nachbarsprachen zu finden sind. Das *Deutsche Wörterbuch* wurde damit ein Wörterbuch nach der genetischen Methode, ein »Schatzhaus« des Deutschen, wie Jacob Grimm in der Einleitung notierte.

Wer dieses Wörterbuch aufschlägt, sieht gewissermaßen der Herausbildung des Deutschen zu, lernt Bedeutung im Zusammenhang mit Bedeutungswandel kennen, erfährt etwas über Wachstum und innere Gesetzmäßigkeit des Deutschen. Wiederum Jacob Grimm hat dies in der Einleitung scharf gegen die Position des französischen Wörterbuchs der *Académie*

française abgegrenzt, wo gewissermaßen noch der aufkläreri-
sche Impuls des Regelns dominierte. Die Franzosen, so heißt
es polemisch, könnten in Zweifelsfällen nachschlagen, was
»korrekt« sei. Aber in den immer vielfältiger werdenden Regeln finde sich niemand mehr zurecht, so dass etwa Napoleon
ein erbärmliches Französisch geschrieben habe, ja sich auf Elba
seine Briefe habe korrigieren lassen müssen. Dem steht die
neue und andere Sprachauffassung der Genetik gegenüber, die
letztlich den »Geist« einer Sprache einfange, dem Leser die Geschichte dieses Geistes vorstelle und ihn damit ins »heiligtum
der sprache« einführe.

Wie man sieht, verbindet sich die exakte genetische Methode
von Anfang an mit der Ideologie einer Verbindung von Sprache
und Nation, auch von einer Einigung der Sprecher durch die
Sprache bzw. den gemeinsamen Sprachgeist. Deutschland, im
Gegensatz zu Frankreich ohne politische Einheit, erhält in dieser Interpretation von Sprache ein einigendes Band, das die
Politik geradezu ersetzt. Daher die Akribie des Vorgehens, die
das anfangs gesetzte Ziel einer überschaubaren Präsentation
rasch überschritt. Bei seinem Tod 1863 war Jacob Grimm bis
zum Artikel *Frucht* gekommen, Wilhelm war schon früher
gestorben. Als man das Ziel 1960 erreichte, waren 16 Lieferungen in 32 Teilbänden erschienen, mit 67 744 Spalten, wobei
die Konzeption mehrfach geändert, vor allem erweitert worden war.

Das *Deutsche Wörterbuch*, mittlerweile online zur Verfügung, ist aufgrund seiner mehr als 100-jährigen Entstehungszeit zwangsläufig ein sehr uneinheitliches Werk. Es ist nie eine
Gesamtaufnahme des deutschen Wortschatzes gewesen, hatte
im Gegenteil ein von heute her gesehen unglückliches Schwer-
gewicht bei Begriffen der schon damals untergehenden Lebens-

anquerdern
Empter
Gurbe
Anspinn
Hirsetute
Karschbein
Kleuder
Leibfall
Momber
Musterherr
Pinge
Tschinke
Sanduhrstein
Zerte
Wurstgraben

welt der handwerklich-
bäuerlichen Berufe, wäh-
rend vor allem anfangs
Technisches fast ganz au-
ßer Betracht blieb. Übri-
gens sollte sich ein Leser
nicht an der konsequen-
ten Kleinschreibung sto-
ßen, die die Grimms ein-
geführt hatten und bei der es bis zuletzt blieb (sogar in der
mittlerweile angelaufenen Neubearbeitung). Immerhin konnte der Verleger gerade noch verhindern, dass die Grimms zur
Rechtschreibung der mittelalterlichen Quellen zurückkehrten,
die sie so liebten.

Sprachwissenschaft tendiert zu Gelehrsamkeit, zu Schwer-
verständlichkeit, auch zu höherer Bewertung der Beobachtung
gegenüber dem kritischen Eingreifen. Darauf reagierte im Lauf
des 19. Jahrhunderts eine Form der Sprachpflege, bei der sich
Laien berufen fühlten, die deutsche Sprache wieder einmal
von ausländischen Einflüssen zu reinigen. Schon die Brüder
Grimm hatten damit zu tun und reagierten mit scharfen At-
tacken auf »Puristen«, die es wagten, »mit beispiellosem Un-
verstand die natürliche Gestalt der Sprache (zu) zerstören«.
Fremdwörter waren für die Grimms in vernünftigem Rahmen eine Bereicherung der Sprache, die Umstellung etwa der
lateinischen Terminologie auf eine deutsche im Bereich der
Wissenschaften (etwa »Einzahl« für »Singular«) ein Unding.
Aber der Widerstand wuchs, ja formierte sich in bislang nicht
gekanntem Maße. Aus dem Patriotismus der Vergangenheit
wurde nach und nach ein immer aggressiverer Nationalismus,
ja Chauvinismus.

Im frühen 19. Jahrhundert gibt es die ersten Vorstöße im Rahmen der Befreiungskriege, als Ernst Moritz Arndt etwa eine *Gesellschaft für die Verbannung und Vertilgung der französischen Art und Sprache* plante, aus der allerdings nichts wurde. Mit Friedrich Ludwig Jahn, dem berühmten »Turnvater«, verbindet sich das Projekt einer rigorosen Verdeutschung des Wortguts, das er im Bereich des Sports tatsächlich durchsetzte (mit »Barren« oder »Dauerlauf«, »Grätsche« oder »Reck«). Aber Jahn sah sich als »Sprachfeger«, der in jedem Fremdwort eine »Verdüsterung unserer Grundansicht« witterte und weit über das Turnwesen hinweg Neuerungen anstrebte (»gausässig« für »regional« zum Beispiel). Ganze Sprachvereine traten in der Folge auf, von denen allerdings keiner die Bedeutung erlangte wie der *Allgemeine Deutsche Sprachverein*, den der Kunsthistoriker Herman Riegel 1885 (nach dem Sieg über Frankreich und der Reichsgründung von 1871) ins Leben rief.

In § 1 der Satzung wird die »Reinigung der deutschen Sprache von unnöthigen fremden Bestandtheilen« als Hauptaufgabe festgeschrieben, wozu dann Leitsprüche wie dieser passen: »Gedenke auch, wenn du die deutsche Sprache sprichst, daß du ein Deutscher bist« oder »Kein Fremdwort für das, was deutsch gut ausgedrückt werden kann«. Wie radikal der Purismus war, zeigt die folgende Einlassung: »O, könnte man doch die Sprachwälscher und Sprachfälscher mit Geldbußen, Gefängniß und Vernichtung ihres Machwerkes bestrafen, wie die Fälscher von Nahrungsmitteln und Getränken … Denn ihr Verbrechen am nationalen Gute des deutschen Volkes ist wahrlich viel größer und folgenschwerer als das der Butter- und Bierfälscher an der Gesundheit einiger Bevölkerungskreise.« Der Erfolg war groß, bis 1915 entstanden 327 Untervereine mit knapp 38 000 Mitgliedern, vor allem aus dem gebildeten Bürgertum. Zu den durchaus sinnvollen Maßnahmen gehörten solche wie die, im Post- oder Eisenbahnwesen zu einheitlichen Begriffen auf deutschsprachiger Grundlage zu kommen, wobei etwa *Coupé* durch »Abteil« oder *Couvert* durch »Briefumschlag« ersetzt wurde.

Verhängnisvoll aber war der immer schärfere Nationalismus. Bei Ausbruch des Ersten Weltkriegs soll die militärische Mobilisierung von einer sprachlichen flankiert werden, damit das »alte Erbübel der deutschen Fremdtümelei« endlich besiegt werde. »Der Krieg reinigt die deutsche Sprache«, heißt es, die »Zeiten schwächlicher Liebedienerei gegen das Fremde« seien vorbei. Mit der Niederlage von 1918 verlor der *Allgemeine Deutsche Sprachverein* nur vorübergehend an Einfluss, hängte sich sofort an den Nationalsozialismus, dem er sich als »SA unserer Muttersprache« andiente, um »das heilige erb- und blutgebundene Sprachgut« zu verteidigen. Bedenkenlos verband sich der Chauvinismus mit einem schäbigen Antisemitismus, bei dem »Sprachpflege als Rassepflicht« ausgerufen wurde. Auch von »artgegründeter Sprachzucht« und »Aufnordung« der deutschen Sprache war die Rede.

Nur stieß man in diesem Punkt keineswegs auf Begeisterung. Die Nazis wollten modern sein, schwelgten geradezu in Fremdwörtern, aus Imponiergründen oder Verschleierungstaktik. Jedenfalls lehnte man den Purismus ab – ein ausdrücklicher Führererlass verbot 1940 entsprechende Aktivitäten, beschnitt dem Verein jeden Einfluss. Als sich herausstellte, dass ein besonders schneidiger Vertreter, den man zum Ehrenmitglied gemacht hatte, Jude war, war ein Tiefpunkt erreicht. Die Sprachpflege, im Prinzip nicht unberechtigt und auch nicht überflüssig, war in dieser radikalen Version desavouiert.

Die deutsche Sprache hat sich im 19. Jahrhundert weiterentwickelt. Von der neuen Dominanz der Romanliteratur profitierte vor allem die Prosa. Die Romantik wie der Realismus boten ein flüssiges Hochdeutsch, das alle Gefühlsregungen zu umschreiben in der Lage war. Umso überraschender war die Loslösung, die Befreiung vom Herkömmlichen, die am Ende des 19. Jahrhunderts sämtliche Künste (von der Malerei über die Musik bis zur Literatur) ergriff. Die scheinbar erreichte Vollendung wurde konfrontiert mit rigorosen Experimenten.

In der Literatur war es der Naturalismus, der die Idealisierung aufbrach und Sprache in rohester Form bot. In *Papa Hamlet* von Arno Holz und Johannes Schlaf aus dem Jahr 1889 werden Gesprächsfetzen einer Proletarierfamilie geboten – ohne jede Stilisierung im sogenannten Sekundenstil. Die Dramen von Gerhart Hauptmann – *Die Weber* waren sogar ursprünglich in Dialekt verfasst – führten mit ihrem ungeschminkten Deutsch, vorgetragen im proletarischen Milieu, zum Skandal.

Daneben liefen Experimente mit dem genauen Gegenteil: hochstilisierte Gedichte, wie sie Arno Holz in seinem *Phantasus* herausgab – mit Wortungetümen wie »buntstachelspießblätterschopfig«. Die Krise der Moderne machte sich zuallererst als Sprachkrise bemerkbar, als Verlust in das Vertrauen zu einer Sprache, die nur noch in Klischees befangen schien. Daher der Versuch des Aufbruchs über schiere Zertrümmerung.

Am experimentierfreudigsten in dieser Hinsicht war der Expressionismus. Die Gedichte, die Kurt Pinthus 1918 in seiner *Menschheitsdämmerung* sammelte, arbeiten mit der Zerstückelung und Neuzusammensetzung von Wortmaterial, oft am Rande der Nachvollziehbarkeit. Der Bildlichkeit wird jede

Anfang des 13 Gedichte umfassenden Zyklus' *Phantasus*, 1898–99,
von Arno Holz.

Form von Bruch zugemutet, die Grammatik systematisch ge- und manchmal zerstört. Tabuzonen des Ekels und Todes stehen im Vordergrund, Gottfried Benn verlegt seine »Erlebnisse« ins Leichenschauhaus. Bleibt nur noch die letzte Form von »Sinnverweigerung« in Form dadaistischer Gedichte wie Hugo Balls *Karawane*, deren Beginn lautet: »jolifnato bambla o falli bambla ...«

Die Sprache des Alltags war davon kaum betroffen. Dafür stellte sich die ganz andere Frage, wieweit die Sprache von der politischen Realität beeinflusst werden konnte. Dies zeigte sich beim Auftreten des Nationalsozialismus, der in Presse und Rundfunk rasch seine Herrschaft antrat und dabei auch Wörter »besetzte« bzw. für ihren Gebrauch im nationalsozialistischen Sinne sorgte. Viktor Klemperer hat als Jude im Untergrund die Entwicklung verfolgt und in seinen berühmten Tagebüchern (später als *LTI: Lingua Tertii Imperii* veröffentlicht) die »Arsendosen« namhaft gemacht, die »in Fleisch und Blut übergehen«. Wörter wie »Polizeiaktion«, »das internationale Judentum«, »Rathenaubeseitiger«, »Blutfahne« sind entsprechende Beispiele.

Auch die Wissenschaft hat nachträglich »die Sprache des Nationalsozialismus« zu analysieren versucht, stieß allerdings darauf, dass es sich eher um eine »Sprache *im* Nationalsozialismus« handelte – ein Missbrauch der Sprache, die als solche kaum Wandel zeigte. Zentrale antisemitische Begriffe haben sich als durchaus nicht neu erwiesen. Sprachregelungen wie der Gebrauch von »Propaganda« im eigenen, »Hetze« im fremden Lager betreffen nicht »die« Sprache als solche. Auch die Vorliebe für Akronyme (wie »HJ«, »SA«, »SS«) oder der ausgesprochene Monumentalstil (»einmalig«, »gigantisch«) sind als solche noch nicht nationalsozialistisch. So bleibt es bei der Erkenntnis, dass man kaum von einer eigenen Sprache *des* Nationalsozialismus sprechen kann. Es war nicht die Sprache, es waren die Verbrechen, mit denen die Nationalsozialisten Unglück über die Menschheit gebracht haben.

Als sich nach dem Zweiten Weltkrieg auf deutschem Boden zwei Staaten bildeten, hat man wiederum die Frage gestellt, wieweit mit den politischen Voraussetzungen ein sprachlicher Bruch verbunden war, womöglich zwei Sprachen entstanden. Man kennt die Beispiele, die dafür ins Feld geführt werden: den östlichen »Broiler« für das westliche »Brathähnchen«, die »Plaste« für »Plastik«. Aber auch hier zeigten Nachprüfungen, dass bei allen Unterschieden im Detail und vor allem entgegen propagandistischer Aussagen von Politikern auf beiden Seiten kein wirklicher Bruch zustande gekommen war. Wolfgang Thierse hat es auf den Punkt gebracht: »Ein anderes Deutsch ja, aber nicht eine andere Sprache.« Mittlerweile dürfte auch diese Aussage überholt sein. Dafür sind neue Probleme aufgetaucht, auf die ich zum Schluss noch näher eingehe.

Dialekte und Hochdeutsch

Dialekte in Deutschland

Die Herausbildung des Hochdeutschen, die wir bislang verfolgt haben, betraf eine einzige und für viele nicht unbedingt die wichtigste Seite der Sprache: die Schriftlichkeit. Im mündlichen Verkehr herrschten lange Zeit die Dialekte, viel länger, als man meint. Goethe und Schiller schrieben perfektes Hochdeutsch. Im Umgang aber sprachen Goethe das Frankfurtische, Schiller das Schwäbische ihrer Heimat. Gelegentlich schimmert der Dialekt sogar durch die Schriftsprache, wenn Goethe »Kinder« auf »Winter« reimte, weil er beide Male den Dental weich aussprach, nicht zu reden vom berühmten »Ach neige / du Schmerzensreiche« im Faust, wo das »neige« als »neije« gesprochen wurde wie das »reiche« als »reije«.

Wir wissen, woran das lag. Die deutsche Sprache hatte einmal mit den Dialekten begonnen, in Mündlichkeit *und* Schriftlichkeit. In der Schriftlichkeit drängte alles nach Ausgleich, weil Schriftliches zu kursieren pflegt, über weite Entfernungen hin verstanden sein will und deshalb für möglichst viele möglichst gleich aussehen soll. In der Mündlichkeit spielt die

Regionalität, ja, die Nachbarschaft eine größere Rolle, bedeutet eine gewisse Abgrenzung sogar den Vorteil, für Zugehörigkeit zu sorgen. Im Übrigen stört Abweichung in der Stimme weniger als auf dem Papier: Mit dem Hören ist meist auch das Sehen verbunden, es gibt zusätzliche Kanäle des Verstehens wie Mimik und Gestik – kurz: in der Mündlichkeit ist Dialekt besser beherrschbar und damit eher zu tolerieren.

Die Grenzen der Belastbarkeit werden gelegentlich im Fernsehen sichtbar, wenn ein kerniges Bairisch untertitelt ist, ein markiges Alemannisch aus der Schweiz ohnehin. Auch in diesem Punkt wissen wir im Prinzip schon, woran das liegt. Die germanischen Dialekte stammen alle aus dem gemeinsamen indogermanischen Pool, entwickelten sich aber nicht gemeinsam weiter. Die zweite Verschiebung der Konsonanten (*p, t, k* je nach Stellung im Wort zu *pf, tz, ck* oder *ff, ss, h*) begann im alemannischen Raum, erfasste den gesamten Süden (also auch das Bairische), kam aber in der Mitte Deutschlands ins Stocken.

Im Thüringischen und Sächsischen breitete er sich noch flächendeckend aus, im fränkischen Westen dagegen entstand der berühmte »rheinische Fächer« (Grafik S. 79), genannt nach geographischen Linien, die sich von einem Punkt auf der Grenze zwischen Thüringen und Hessen fächerförmig nach Westen erstrecken. Mainz liegt mitten in dem Raum, der schon nicht mehr den verschobenen »Apfel« bietet, sondern den unverschobenen »Appel«. Darüber, im Moselraum behielt man nicht nur den »Appel« bei, sondern auch noch das alte »dat« gegenüber dem neuen »das«. Wieder darüber, um Köln, sagte man fröhlich »Appel«, »dat« und nun auch noch dazu »Dorp« statt »Dorf«. Erst nördlich von Köln, zwischen Köln und Düsseldorf durch den kleinen Ort Benrath führt dann die

Dialekte in Deutschland

Der rheinische Fächer

- Ostbergisch
- Kleverländisch
- Südniederfränkisch
- Ripuarisch

Schleswigisch
Holsteinisch
Nordniedersächsisch
Mecklenburgisch-Vorpommersch
Nordmärkisch
Brandenburgisch
Mittelmärkisch
Südmärkisch
Elbostfälisch
Ostfälisch
Obersächsisch
Westfälisch
Nordthüringisch
Erzgebirgisch
Niederhessisch
Thüringisch
Ripuarisch
Vogtländisch
Mittelfränkisch
Hessisch
Moselfränkisch
Pfälzisch
Nordbairisch
Rheinfränkisch
Südfränkisch
Schwäbisch
Mittelbairisch
Niederalemannisch
Hochalemannisch
Tirolisch

FRIESISCH
1 Nordfriesisch
2 Ostfriesisch

NIEDERDEUTSCH
3 Dänisch
4 Westniederdeutsch
5 Ostniederdeutsch
6 Niederrheinisch

MITTELDEUTSCH
7 Westmitteldeutsch
8 Ostmitteldeutsch
9 Sorbisch

SÜDDEUTSCH
10 Ostfränkisch
11 Alemannisch
12 Bairisch

»Linie«, hinter der überhaupt nichts mehr verschoben wurde. Damit sind wir im Bereich des Niederdeutschen.

Um zu wiederholen und zu ergänzen: Der Süden mit dem Alemannischen und Bairischen ist Verschiebungsgebiet und bildet das Oberdeutsche. Die Mitte, der fränkische Westen bis zum hessischen und sächsischen Raum im Osten, ist gemäßigtes Verschiebungsgebiet und bildet zusammen mit weiteren Eigenschaften wie zum Beispiel der »Erweichung« der harten Verschlusslaute (Goethes »Winder«) das Mitteldeutsche. Bleibt der Norden, das Niederdeutsche mit strikter Verschiebungsverweigerung.

Neben diesen Unterschieden gibt es aber auch noch weitere Überraschungen. Denn so schön säuberlich gliedern sich die Dialekte nach dem Verschiebungsmerkmal allein leider nicht. Dafür sorgen schon die Vokale, die sich auf abenteuerlichste Weise entwickelten und gelegentlich Orte trennen, die keine 10 Kilometer voneinander entfernt liegen.

Man kennt es etwa von den alemannischen Dialekten. Die sogenannte Schwarzwaldschranke, die von Süden nach Norden quer über den Höhenrücken verläuft, trennt im Westen das rein Alemannische vom östlichen Schwäbischen, gewissermaßen einem abgestuften Alemannischen. Dies zeigt sich etwa an der Aussprache des *ei* in »zwei«. In Schwaben heißt es »zwoa«, im Badischen »zwai«. Im Hessischen kann es sehr kleinteilig zugehen, wenn man in der Region um Marburg den »Stein« einmal als »Schdee«, das andere Mal als »Schdai« antrifft.

Dies aber gilt auch für das Niederdeutsche, das keineswegs so einheitlich ausfällt, wie es aus der Sicht des Südens aussieht. Schon die langen *e*- und *o*-Laute zeigen jede Menge Abweichungen und können bei »Käse« oder »Brot« etwa in Ostwestfalen zu »Keise« bzw. »Braud« werden. Und dann kommen die vielen sonstigen Unterschiede hinzu. Um beim Niederdeutschen zu bleiben: Im Westen bildet man den Einheitsplural bei den Verben auf -t: Im Falle von »haben« heißt es also »wi«, »ji«, »se hebbt«. Im Osten herrscht -en, es heißt also: »wi«, »gi«, »se hebben«. Übrigens begnügen sich auch die Schwaben mit einer einzigen Pluralform, nämlich dem -t. Man hört also dort nicht »sie gehen«, sondern »sie gehet«.

Es kann also einigermaßen chaotisch zugehen, wenn man die Dialekte betrachtet. Es gibt großräumige Gemeinsamkeiten und kleinräumige Unterschiede. Man weiß heute, dass Stabilität am ehesten aus der Politik im weitesten Sinne stammt. Die relativ spät ausgebildete Schwarzwaldschranke trennte zum Beispiel den katholischen Westen vom protestantischen Osten (mit ihren unterschiedlichen Herrscherhäusern). Erst einmal behindert ein Höhenrücken die »Wanderung« von West nach Ost und umgekehrt, dann kommt hinzu, dass Protestanten keine Katholiken heirateten und umgekehrt. Beim rheinischen Fächer hat man herausgefunden, dass die erstaunlich stabilen »Linien« genau auf Grenzen wie zum Beispiel der zwischen dem Erzbistum Köln und dem von Trier verlaufen (wobei diese Grenze wiederum bis in die Römerzeit zurückreicht: als Grenze zwischen den beiden germanischen Provinzen). Es entstanden also »Kulturräume«, die dann auch sprachlich eine Einheit bildeten, weil die Grenzen ungern überschritten wurden.

Wörterbücher und Atlanten

Wer sich fragt, woher man über die Dialekte so genau Bescheid weiß, kann eine klare Antwort erhalten: Seit dem 18. Jahrhundert hat man sich immer mehr für dieses Sprachgut interessiert, weil klar wurde, dass die Dialekte Altes und Ältestes bewahrt haben – im Gegensatz zum alles nivellierenden und immer nur vorwärtsschreitenden Hochdeutschen. So entstanden die ersten Wörterbücher jeweils als eine Art Arche des regionalen Wortschatzes. Eines der frühesten stellt das *Idioticon Hamburgense* aus dem Jahr 1743 dar, von 1767 bis 1771 erschien der *Versuch eines bremisch-niedersächsischen Wörterbuchs* in fünf Bänden. Das erste Wörterbuch nach wissenschaftlichen Prinzipien, und zwar nach den Vorgaben der genetischen Methode der Brüder Grimm, hat Andreas Schmeller vorgelegt: das *Bayerische Wörterbuch* seit 1827. Wörterbuch nach Wörterbuch erschien, aber dann kam es zu einem Neustart. Er ist mit dem Namen Georg Wenker verbunden.

Der gebürtige Düsseldorfer liebte die Vielfalt der Dialekte, sah sie aber vor allem bedroht – bedroht vom Hochdeutschen einer immer mobiler werdenden Gesellschaft in der Zeit der Industriellen Revolution. Nebenbei hatte er Zweifel an den alten Erkenntnissen über die räumliche Stabilität der Dialekte, wollte Genaueres über Abgrenzung und Einheit wissen.

So startete er 1877 ein Unternehmen, bei dem er methodisch völliges Neuland betrat. Wenker blätterte nicht in alten Büchern nach Dialektmerkmalen, sondern verschickte Briefe. Darin wandte er sich an Pfarrer und Lehrer in Dörfern, die vierzig vorgegebene Sätze in ihren Dialekt übersetzen sollten. Was zurückkam, trug er in Kartenblätter ein, wonach man zum Schluss ablesen konnte, wo genau man »dat« statt »das« sagte und so weiter. 1877 erschien die noch sehr kleine Schrift *Das Rheinische Platt*, 1878 der *Sprachatlas der Rheinprovinz*, der erste Sprachatlas der Welt. 1881 begannen die Lieferungen zum *Sprachatlas von Nord- und Mitteldeutschland*, erhoben an 30 000 Orten. Dann wurde das Unternehmen für einen Einzelnen zu groß.

Wenker wandte sich an Reichskanzler Bismarck und bekam Fördergelder, mit denen er in Marburg (angegliedert an die dortige Universitätsbibliothek) seine Arbeit vorantreiben konnte.

Auf diese Weise entstanden zwischen 1876 und 1888 zwei riesige Karten mit 22 Farben, von denen eine in Marburg lag, die andere nach Berlin ging. Bis 1895 kamen neue Erhebungen hinzu, dann arbeiteten Schüler Wenkers weiter. Um wenigstens Teile der Ergebnisse auch der Öffentlichkeit bzw. den germanistischen Instituten zur Verfügung zu stellen, entstand zwischen 1927 und 1956 der gedruckte *Deutsche Sprachatlas* in 128 schwarz-weißen Einzelkarten. Weil zwischendurch klar geworden war, dass die Dialekte nicht nur bei der Aussprache der Wörter Verschiedenes produzieren, sondern auch verschiedene Wörter (entdeckt bei »Pferd« und »Gaul«), kam ein *Deutscher Wortatlas* hinzu, wieder entstanden aufgrund von Befragungen, diesmal an 48 381 Orten. 1951 begann die Veröffentlichung in Einzelbänden, die 1980 mit dem 22. Band abgeschlossen wurde. Mittlerweile waren sämtliche deutschsprachigen Räume wie die Schweiz, Südtirol, Österreich, die Tschechoslowakei (Böhmen) sowie Sprachinseln im Süden und Osten des einstigen Deutschen Reiches aufgenommen. In der ganzen Welt entstand nichts Vergleichbares.

Dieses gigantische Werk ist heute auf ganz neue Weise aufbereitet, nämlich im Netz als *Digitaler Wenker-Atlas*, frei zugänglich unter www.diwa.info.de/DSA – beim Herunterladen benötigt man allerdings 1 Terabyte Speicherplatz. Dafür kann man nun die Karten gewissermaßen übereinanderlegen, also Vergleiche anstellen und die Entwicklung verfolgen. Nur dürften sich die meisten im Datenchaos hoffnungslos verirren. Daher war es verdienstvoll, dass der dtv-Atlas *Deutsche Sprache* für übersichtlich gestaltete Beispiele sorgte.

Im Übrigen ist das Unternehmen Bestandsaufnahme längst nicht zu Ende gegangen. Für den bairischen Sprachraum entsteht in immer neuen Bänden der *Bayerische Sprachatlas* (also Sprachatlas für das politische Bayern mit nicht nur bairischem Dialekt, sondern auch fränkischem und schwäbischem) mit zahlreichen perfekt kommentierten Karten. Selbst für längst untergegangene, nur von wenigen Zeugen noch beherrschte Dialekte wie das Siebenbürgische werden noch Rettungsaktionen durchgeführt, gewissermaßen in letzter Sekunde.

Wenn man nun die Frage stellt, ob die Dialekte tatsächlich bedroht sind, womöglich aussterben, kann man zunächst einmal darauf verweisen, dass sich schon der große Wenker zum Glück geirrt hat. Die Dialekte leben also gut 100 Jahre nach seiner pessimistischen Prognose immer noch weiter. Man muss allerdings sagen, dass mittlerweile erhebliche Veränderungen eingetreten sind. Alle Statistiken, die laufend erhoben wurden und werden, deuten auf Abbau hin. Dabei gibt es vielerlei Unterschiede. Im Norden verläuft der Abbau schneller als im Süden, was durchaus Gründe hat. Seit Beginn der Neuzeit hat der Norden sein Niederdeutsch als eine Art zweite Sprache im privaten Bereich benutzt. Der Norden wurde also zweisprachig. In der Mitte und im Süden konnte man den Dialekt dagegen ins vordringende Hochdeutsch integrieren: sozusagen ein dialektal abgetöntes Hochdeutsch oder auch einen hochdeutsch abgetönten Dialekt sprechen.

Aber es gibt nicht nur diese Form eines *Ab*baus, es gibt auch einen Umbau. Die Dialekte noch der frühen Neuzeit waren kleinräumig. Seit dem 19. Jahrhundert schließen sich größere Regionen zu Dialekträumen zusammen, in denen frühere Unterschiede nivelliert sind. So hat man zum Beispiel für Baden-Württemberg gezeigt, dass das alte Schwäbische und Alemannische besser zusammengehen, als man dachte. Früher stark unterscheidende Merkmale wurden abgeschliffen, das immer schon Gemeinsame dafür betont.

Neben die Großräume aber treten die Städte mit ihren Stadtdialekten. Berlin lag einmal in niederdeutschem Gebiet und sprach niederdeutsch. Dann ging die Kanzlei kurz nach 1500 zum Hochdeutschen über und zog zunächst die gebildete Bevölkerung mit, die entsprechend ein (mit »dat« oder »icke«) niederdeutsch gefärbtes Hochdeutsch sprach, während die Bauern und Handwerker noch an ihrem reinen Niederdeutsch festhielten. Schließlich sprachen die Gebildeten (fast) reines Hochdeutsch, und die einfachere Bevölkerung übernahm das Berlinern. In Städten wie Nürnberg oder München wurden ganz ähnliche Entwicklungen beobachtet.

Dem an einer Zukunftsprognose Interessierten möge das Folgende hilfreich sein: Die Dialekte in ihrem alten Sinne mit eigenen Lauten und vor allem eigenem Wortschatz werden weiter zurückgehen. Aber die Dialektkompetenz ist immer noch hoch. 2012 ergab eine Messung zwar regional unterschiedliche Werte (bei erheblichem Nord-Süd-Gefälle), aber von einem Verschwinden kann keine Rede sein (Grafik S. 86). Dagegen dürfte sich der von den Dialekten stammende Klang mit durchaus noch einigen verbleibenden Eigenheiten als eine Art regionales Hochdeutsch behaupten. Der Grund ist einfach: Die Färbung lässt sich nicht ablegen wie ein abgetragenes Kleidungsstück. Und die Färbung erzeugt durchaus so etwas wie Nestwärme, setzt Regionalität gegen Globalisierung. In Schule und Öffentlichkeit Hochsprache, im privaten Umgang dialektale Färbung – das könnte die Zukunft durchaus noch eine ganze Weile bestimmen.

Dabei spielen Sympathie und Antipathie eine erhebliche

Dialektkompetenz

Dialektkompetenz in einigen Bundesländern (2010)
Angaben in Prozent. Gerundet

- **94** Saarland
- **86** Baden-Württemberg
- **86** Bayern
- **72** Rheinland-Pfalz
- **72** Sachsen
- **63** Hessen
- **62** Schleswig-Holstein
- **54** Niedersachsen

Ich finde sympathisch (2010)
Angaben in Prozent. Gerundet

- **35** Norddeutsch
- **14** Schwäbisch
- **8** Berlinerisch
- **13** keinen Dialekt
- **6** Hessisch
- **30** Bairisch
- **10** Sächsisch
- **5** Kölsch

Ich finde unsympathisch (2010)
Angaben in Prozent. Gerundet

- **34** Sächsisch
- **16** Bairisch
- **4** Norddeutsch/Platt
- **33** keinen Dialekt
- **7** Schwäbisch
- **3** Hessisch
- **5** Berlinerisch
- **2** Ostdeutsch

Rolle – nicht alle Dialekte sind gleichermaßen beliebt bzw. unbeliebt. Wer Erhebungen der Art, wie in der Grafik auf S. 86 dargestellt, über längere Zeiträume verfolgt, weiß, wie stark sich die Einschätzungen ändern können. Insgesamt wird ein Dialekt von der Mehrheit der Bevölkerung jedenfalls nicht abgelehnt. In Deutschland kann man es im Übrigen noch immer zum Finanzminister bringen, wenn man aus Freiburg/Br. stammt und in hochdramatischer Situation »isch over« sagt.

Hochdeutsch heute

Hochdeutsch, das wissen wir, stammt aus der Schrift. Wie aber kam es in die Mündlichkeit? Seit wann gilt Hochdeutsch als Verkehrssprache? Auch in diesem Punkt kann man einen Namen nennen: Theodor Siebs. Natürlich auch ein Programm, das mit diesem Namen verbunden ist: nämlich die »Bühnenaussprache«.

Man muss dabei zunächst an die große Reform erinnern, die voranging und die Rechtschreibung betraf. Nach der Reichsgründung von 1871 war »Einheit« eine Forderung des Tages und konnte auf nicht genug Gebieten vorangetrieben werden. Weil die Rechtschreibung zuvor Sache der Regionen gewesen war, weil sie in Bayern anders gehandhabt wurde als in Berlin oder Hamburg, setzte sich der preußische Gymnasiallehrer Konrad Duden hin und legte 1880 sein *Vollständiges Orthographisches Wörterbuch der deutschen Sprache* vor, das überall gleichermaßen verbindlich sein sollte. Das Werk mit 27 000 Stichwörtern auf 187 Seiten traf nicht sofort und nicht überall auf Gegenliebe, Bismarck verbot seine Anwendung in der Verwaltung. Aber auf Konferenzen mit Vertretern aus Österreich und der Schweiz wurde der »Duden« 1901 dann doch endgültig verbindlich. Im deutschen Sprachraum gab es also eine einheitliche Rechtschreibung, die von Auflage zu Auflage verbessert wurde (heute gilt die 26. Auflage von 2013). Aber es gab keine gemeinsame Aussprache.

Darauf eben reagierte der Germanistikprofessor Siebs. Im Verein mit Theaterleuten und Professorenkollegen sichtete er auf Konferenzen in Berlin das Chaos und suchte nach einheitlichen Regeln. Aufgrund seiner eigenen Herkunft aus dem Norden und derselben Herkunft der meisten seiner Mitstreiter fielen diese Regeln ausgesprochen norddeutsch aus – das Hochdeutsch wurde auf diese Weise ein Hochdeutsch mit niederdeutschem Klang.

Um es noch einmal etwas genauer zu sagen: Der deutschen Hochsprache liegt nach Konsonanten und Vokalen der Stand der ehemaligen Dialekte des Ober- und Mitteldeutschen zugrunde (mit besonderer Betonung des Ostmitteldeutschen, das sich letztlich am stärksten durchgesetzt hatte). Das Niederdeutsche spielte dabei also so gut wie keine Rolle. In der Aussprache aber war es genau umgekehrt. Nun setzte sich das Niederdeutsche gegen das Mittel- und Oberdeutsche durch. Man kann darin je nach Sichtweise eine späte Rache (der Niederdeutschen) oder auch einen fairen Kompromiss sehen. Jedenfalls setzte sich Siebs durch. 1898 erschien die *Deutsche Bühnenaussprache*, die bald von den Schulen und vor allem vom 1923 beginnenden Rundfunk übernommen wurde. Der heutige »Duden« setzt den »Siebs« in einem eigenen Band zur Aussprache fort (als *Duden-Aussprachewörterbuch* seit 1974), der heute in jeder Rundfunkanstalt griffbereit liegt.

Um nur wenige Beispiele anzuführen: Im Niederdeutschen hatten die »Städte« ein langes *ä*, die »Stätte« wurde kurz gesprochen – ein Vorteil, den Siebs dann als Regel fixierte. Der »Tag« wurde im Süden kurz, im Norden lang gesprochen. Siebs entschied sich für die Länge, weil damit die Einheit mit den »Tagen« im Plural gewahrt blieb – für Siebs ein Fall von »phonetisch richtiger Bildung«. Aber es gab auch viel Willkür. Das »Gewehr« ließ Siebs mit langem *e*, die »Gewähr« mit langem *ä* aussprechen, während »kräftig« und »heftig« trotz *ä* und *e* beide kurz sein sollten. In der Weiterentwicklung der »Hochsprache«, wie es seit 1922 statt »Bühnensprache« hieß, kam es dann zu mancherlei Überarbeitungen, auch solchen, die als Feinheiten allenfalls von Berufssprechern beherrscht wurden. So sollte das *-em* am Wortende etwa nach Reibelauten wie *f* mit silbischem *m* (Ausfall des *e*), nach Verschlusslauten wie *b* mit tonlosem *e* gesprochen werden: also »tiefm«, aber »rotem«.

Weil das alles für die sogenannte »Umgangslautung« zu kompliziert wurde, gab es nach und nach Erleichterungen, die häufig die Dominanz des Niederdeutschen abschwächten, sie in Einzelfällen aber auch noch steigerten. So erlaubt der Duden die Aussprache der »Räder« mit langem *ä* neben der mit langem *e*, wobei allerdings die »Räder« mit dem »Reeder« zusammenfallen. Bei einsilbigen Wörtern wie »Bad« war ursprünglich die norddeutsche kurze Aussprache verbindlich, schließlich durfte man es aber auch süddeutsch lang aussprechen. Als besonders spektakulär wurde in der Öffentlichkeit empfunden, als der »König« nicht mehr nur mit norddeutschem *ich*-Laut am Ende gelten sollte, sondern auch das süddeutsche *k* gleichberechtigt wurde.

Dabei gibt es feine und feinste Unterschiede, die durch Regelungen dieser Art gar nicht berührt sind. Wie jeder weiß, der als Nord- oder Mitteldeutscher nach Schwaben kommt, wird dort die »Sonne« nicht mit weichem, sondern mit scharfem *s* ausgesprochen (was mir meine Stuttgarter Enkelkinder immer kritisch vorwerfen, wenn ich es als Kölner in ihren Ohren angeblich »falsch« ausspreche). Dies haben Untersuchungen gezeigt, bei denen Studenten aus verschiedenen Regionen Texte in »reinstem« Hochdeutsch lesen sollten und schließlich herauskam, dass ein gemeinsames Hochdeutsch schlechterdings nicht existiert. Fügen wir jedoch vorsorglich und gegen eine möglicherweise verfehlte Interpretation hinzu: Es ist auch nicht nötig. Besser als heute haben wir uns in Deutschland, was die deutsche Sprache betrifft, noch nie verstanden.

Anglizismen

Jedenfalls geht von den Dialekten in welcher Interpretation auch immer keine Bedrohung aus. Dafür macht ein anderes Schreckgespenst die Runde: das Eindringen des Englischen in Form von Anglizismen. Nicht nur, dass die Weltsprache Englisch ihre Dominanz geltend macht und ausweitet: Das Englische ist vielmehr schon mitten in unserer Sprache angekommen. Es gibt Pessimisten, die ernsthaft behaupten: Es frisst das Deutsche auf.

Die ersten Alarmmeldungen reichen in die siebziger Jahre zurück. Bundespräsident Gustav Heinemann warnte 1973 vor der »Flut von Anglizismen«. Eine Statistik aus dem Jahr 1984 verzeichnet 70 Prozent ablehnende Stimmen. Das passte zu einem *Spiegel*-Aufmacher im gleichen Jahr mit dem Titel »Eine unsäglich scheußliche Sprache«. Das Feuilleton der großen Zeitungen tutete ins gleiche Horn. Als die Franzosen 1994 ein Gesetz zum Schutz der eigenen Sprache verabschiedeten, wurde dies als vorbildlich hingestellt und Nachahmung gefordert. Die mit dem Thema verbundenen deutschen Institutionen: die *Gesellschaft für deutsche Sprache*, das *Institut für Deutsche Sprache* und die *Deutsche Akademie für Sprache und Dichtung* organisierten Tagungen zum Thema – mit bislang unbekanntem Presseecho. Im ZDF lief 1998 eine Sendung zum Thema »Stirbt Deutsch oder sterben nur die Wörter?«

Schon im Jahr zuvor hatte der Statistikprofessor Walter Krämer einen neuen Verein gegründet, der ausdrücklich das »Versagen« der bestehenden Institutionen kompensieren sollte: den *Verein Deutsche Sprache*. Der Erfolg war groß, die Mitglieder zählten bald mehr als 30 000, viermal im Jahr versorgt mit dem Heft *Sprachnachrichten*, in dem die neuesten »Sünden« verzeichnet werden und ein »Hauptsünder« jährlich als »Sprachpanscher des Jahres« »ausgezeichnet« wird. Der Ton der Kommentare ist stets aggressiv, der Vorsitzende selbst sprach von »aufgeblasenem Imponiergefasel«, ja von einer »Schimpansensprache«, zu der sich das Deutsche aufgrund der Anglizismen entwickelt habe. Gleichzeitig gab es Tritte gegen »Abwiegler, die auf Lehrstühlen sitzen und denen die Liebe zur eigenen Sprache fehlt«, gegen »Sprachverderber« wie die Deutsche Bahn oder die christlichen Kirchen, gegen »Rückgrat- und Hemmungslosigkeit« vor allem der »Eliten«. Mit all dem brachte man es bis zur Großen Anfrage im Bundestag.

Was darüber weniger beachtet wurde: Auch die Wissenschaft reagierte bzw. hatte längst reagiert – mit Zählen. Broder Carstensen und Ulrich Busse legten 1993 ihr *Anglizismen-Wörterbuch* vor, in dem 100 000 Belege aus dem Printbereich erfasst wurden, abgeglichen mit dem maschinenlesbaren Wortschatz-Korpus des *Instituts für Deutsche Sprache* mit 2 Millionen Belegen. Dabei wurde zunächst einmal definiert und abgegrenzt. »Echte« Anglizismen, also nicht all die Wörter, die wie »Export« oder »Rumpsteak« längst im Deutschen heimisch wurden, sind viel weniger als gedacht oder befürchtet: nämlich ca. 3500. Dazu gehört aus dem Englischen Übernommenes wie »Job«, weiter dem Englischen Nachgebildetes wie »Wolkenkratzer« nach *skyscraper* und schließlich Sonderfälle wie den, dass es zum »Twen« zwar ein englisches *twenty* gibt, aber keinen englischen *twen*. Richtig kompliziert wird es etwa bei Mischkomposita wie dem »Heimcomputer« oder dem »Krisenmanagement«, von denen jeweils nur ein Bestandteil aus dem Englischen stammt.

Job
Wolkenkratzer
Rumpsteak
skyscraper
Twen
twenty
twen
Heimcomputer
Krisenmanagement
Airbag
public viewing
Mountainbike

Ergebnis: Es gibt Anglizismen, aber es sind viel weniger als gedacht, und die meisten stellen durchaus kreative Entwicklungen im Deutschen dar. Nicht nur, dass die Bedeutungen bei uns oft andere sind als im Englischen (wie beim berühmt-berüchtigten *public viewing*, das in England als »Leichenbeschau« vorkommt), im Deutschen bilden die Anglizismen oft Alternativen zu den parallelen deutschen Ausdrücken. Ein »Mountainbike« ist eben kein »Fahrrad«, und einen »Airbag« nur deshalb durch einen »Prallsack« zu ersetzen, weil er nicht Luft, sondern ein Gas enthält, ist eine unsinnige Spitzfindigkeit.

Anglizismen, das geht aus einer Untersuchung zum Fremdwortgebrauch hervor, wie ihn der Berliner Linguist Peter Eisenberg vorgelegt hat, gehören jedenfalls zu den ganz normalen sprachlichen Importen, die das Deutsche schon früher mit dem Lateinischen und Französischen erlebt hat – zu seinem großen Vorteil. Wenn bei den Anglizismen besonders die Bereiche des »Computers« oder des »Lifestyle« betroffen sind, liegt dies schlicht daran, dass auf diesen Gebieten seit langem eine englisch-amerikanische Dominanz vorliegt, die eben auch ihren Ausdruck in der Sprache gefunden hat.

Trotzdem kann man natürlich fragen, wie andere Nationen mit dem Phänomen umgehen, ob wir daran gemessen besonders aufnahmefreudig oder fahnenflüchtig sind. Dazu liegt ein mehrbändiges Projekt unter der Federführung von Manfred Görlach und Ulrich Busse aus den Jahren 2002–2009 vor. Insgesamt sind 16 europäische Sprachen untersucht, vier germanische (Isländisch, Norwegisch, Niederländisch und Deutsch), vier romanische, vier slawische und vier weitere (zum Beispiel Finnisch). Ergebnis: Das Deutsche liegt nicht an der Spitze, sondern folgt Norwegisch immerhin auf dem zweiten Platz, aber eng gefolgt von Niederländisch, Französisch und Italienisch. Alle diese Sprachen bewegen sich zwischen 75,7 und 63,1 Prozent bei der Verwendung der insgesamt 3839 untersuchten Wörter. Das Polnische unterschreitet die 50-Prozent-Marke, das Finnische liegt mit 29,3 Prozent auf dem vorletzten Platz vor dem Albanischen mit 15,5 Prozent.

Nun ist gerade das Finnische ein interessanter Fall, weil Dieter E. Zimmer in einem seiner zahlreichen Alarm-Beiträge zum Thema in der *Zeit* gerade das Finnische als lobenswert hervorhebt und vom Deutschen als »einer der kaputtesten Sprachen« in Europa überhaupt abgrenzt. Nur berücksichtigt Zimmer nicht, dass das Finnische einen besonderen Grund zur Vermeidung von Anglizismen hat (und übrigens gerne direkt zum Englischen übergeht, um international mitzuhalten). Das Finnische nämlich ist eine sogenannte phonematische Sprache, schreibt wie gesprochen und kann deshalb die oft völlig anders ausgesprochenen als geschriebenen englischen Wörter schlecht integrieren. Im Übrigen ist die Liste, die Zimmer vorgelegt hat, längst überholt und war es wohl auch von Anfang an. Wer Finnen fragt, hört davon, dass intern durchaus Anglizismen existieren, *chatata* zum Beispiel für »chatten« oder *serveri* für »Server«. Wer sich schließlich an das Albanische als leuchtendes Beispiel halten möchte, sei daran erinnert, dass Deutschland ein etwas anderer Staat ist, mit und nicht zuletzt dank internationaler Verflechtung.

Fügen wir hinzu, dass die Sprachkenntnisse der Anglizismen-Gegner oft mehr als bedenklich sind. Wenn Zimmer davon spricht, dass der »Tiefencode« des Deutschen durch Anglizismen bedroht sei, verwendet er nicht nur einen unüblichen Begriff der Linguistik (richtig: Tiefenstruktur), sondern hat abenteuerliche Vorstellungen, was damit gemeint ist: Auf der Ebene der Tiefenstruktur kann rein gar nichts gefährdet werden, weil diese Ebene nicht »sprachlich«, sondern »logisch« definiert ist. Genauso wenig stimmt es, dass das Deutsche mittlerweile seine »Assimilationskraft« eingebüßt habe. Das Gegenteil ist im *Anglizismen-Wörterbuch* von Brodersen und Busse nachzulesen. Schließlich kann man den Vorwurf einer »Pidginisierung« des Deutschen (eines Schrumpfens des Deutschen auf den Status von Pidginsprachen, die in kolonisierten Regionen als eine Art vereinfachtes Englisch entstanden sind) nicht wirklich ernst nehmen – in diesem Punkt hat sich Zimmer schlicht verrannt. Meine Deutung: Hochgebildete Fachleute sehen die Anglizismen im Zusammenhang einer Modernisierung, die ihr mit viel Fleiß erworbenes Wissen bedroht, ja entwertet. Die Anglizismen wären so gesehen nur der Sack, der statt des Esels geschlagen wird.

In diesem Punkt steht Zimmer im Übrigen nicht allein. Die Eliten, die so gerne die Eliten für den Niedergang des Deutschen verantwortlich machen, sorgen auch immer wieder selbst für wenig hilfreiche Kommentare. Peter Wapnewski, ausgewiesener Germanist und bedeutender Organisator im Bereich Geisteswissenschaften, hat sich 2000 unter dem schon als solchem kennzeichnenden Titel *Von der Not der Sprachkritik im Zeitalter der totalen Sprachschändung* geäußert. Für ihn ist die »schleichende Zerstörung« der deutschen Sprache bereits ein unumstößliches Faktum. Ein Kernsatz lautet: »Wir ersticken in dem Sumpf von vergifteten, vergiftenden Wort-Dämpfen, die wir einatmen in unserer Lebens-Spielothek, uns einhüllend in Wellness.« Weiter ist die Rede davon, dass die »Mühle des ungebildeten Unverstands« mit Begriffen wie »Flair« oder »rasant« klappere, um der »infantilen Sucht« zu entsprechen, »sich zu schmücken mit falschem Versatz, mit gravitätisch klingenden Termini«. In diesem Fall geht die Kritik in schiere Panik über.

Migrantensprachen und Kiezdeutsch

Dass Nationen und Sprachen deckungsgleich sind, ist eine alte Idee oder Wunschvorstellung, die im 19. Jahrhundert politisch brisant wurde, als auf dieser Grundlage Sprachenpolitik betrieben wurde. Das Deutsche Reich suchte im Elsass das Rad zurückzudrehen, verbot das Französische an den Schulen und verlangte sogar Deutsch auf Grabsteinen und Wasserhähnen. Auch in Polen, der sogenannten Provinz Posen, die Preußen bei der Teilung des Landes zugefallen war, unterdrückte man das Polnische und suchte das Deutsche mit allen Mitteln zur verbindlichen Sprache zu machen. Dies gelang nie wirklich. Sprachenpolitik mit gewaltsamen Mitteln scheitert (zum Glück) fast immer.

Seither geht man andere Wege. Deutschland ist seit langem Einwanderungsland, und die wenigsten wissen, wie viele Sprachen bei uns gesprochen werden: Nach der letzten (mir bekannten) Zählung sind es mindestens 140, denn so viele Nationalitäten sind registriert, die jedoch teilweise mehr als eine einzige Sprache mitbringen. 31 Prozent stammen aus EU-Ländern wie etwa die 600 000 Italiener, die 350 000 Griechen und die 130 000 Spanier als die größten Gruppen. Bei den Italienern sind Albanischsprecher und Sizilianer mit ausgeprägtem Dialekt zu berücksichtigen. Die Spanier sprechen neben Kastilisch als weitere Landessprache Katalanisch, das in der EU als eigene Amtssprache berücksichtigt ist.

Von den »Gastarbeitern« (Personen mit deutschem Pass nicht mitgerechnet) stammen die meisten aus Ländern außerhalb der EU. Die größte Gruppe bilden die Türken mit über 2 Millionen. Aus dem ehemaligen Jugoslawien stammen 700 000 Personen, aus Marokko 80 000. Dabei sind gerade in diesen Fällen die sprachlichen Verhältnisse kompliziert: Zu Personen mit türkischem Pass zählen die Kurden mit ihrer im Indogermanischen wurzelnden Sprache, Perser mit Zaza, weiter gibt es Aramäer mit semitischer oder Lazen und Tscherkessen mit einer kaukasischen Sprache, um nur die wichtigsten zu nennen. Zu den Marokkanern sind etwa die traditionell zweisprachigen Berber mit ihrer Heimatsprache und Hocharabisch zu zählen. Weiter wären Flüchtlinge aus dem ehemaligen Jugoslawien, Bulgaren, Mazedonier, Rumänen, Slowaken, Slowenen, Tschechen, Ungarn zu nennen. Nur pauschal seien Personen aus dem Nahen Osten und aus Afrika erwähnt, natürlich auch Chinesen, Philippinen, Vietnamesen und so weiter und so fort.

Natürlich stellt sich die Frage, welche Auswirkungen diese Form von Migration für die Sprache im Gastland hat. Man kennt die Schwierigkeiten. Eher kleinere Sprechergruppen integrieren sich leichter, erlernen schnell Deutsch und können auf dieser Basis am wirtschaftlichen und gesellschaftlichen Leben teilnehmen. Größere Sprechergruppen neigen zur Gründung von Parallelgesellschaften mit Pflege ihrer Muttersprache und Vernachlässigung von Deutsch (oder der Benutzung eines Pidgin- bzw. verächtlich: »Tarzandeutsch«).

Diese Entwicklung ist für einen beträchtlichen Teil der türkischen Migranten kennzeichnend gewesen, wobei Fehler auf seiten des Gastlandes mittlerweile erkannt sind. Natürlich kann jeder Einwanderer seine Muttersprache sprechen – zu Hause und im privaten Verkehr. Um in Deutschland zu leben und zu arbeiten, ist die deutsche Sprache jedoch unverzichtbar. Die Lernmöglichkeiten bleiben dabei offen. Deutschkenntnisse können ebenso auf der Straße erworben werden wie in geregeltem Unterricht – darüber existieren mittlerweile zahlreiche Berichte. An der Notwendigkeit sollte jedoch kein Zweifel bestehen.

Eine andere Frage ist es, wieweit die Migrantensprachen das Deutsche beeinflussen oder gar (wie Pessimisten vermuten) untergraben. Eine gewisse Aufregung entstand, als der türkischstämmige Autor Feridun Zaimoglu 1995 sein Buch *Kanak Sprak* veröffentlichte. Darin kommen junge Türken zu Wort, die das Schimpfwort »Kanaken« ins Positive wendeten und als eine Art Mischsprache von Deutsch und Türkisch artikulierten. Allerdings wurde rasch klar, dass damit keine wirklich existierende Sprache wiedergegeben wurde, sondern ein von Zaimoglu nicht ohne Virtuosität entwickeltes Idiom. Dank medienwirksamer Präsentation (bis in den Deutschlandfunk und den Südwestrundfunk) wurde die Kunstsprache bekannt und diente nicht zuletzt als eine weitere Projektionsfläche für entsprechende Ängste.

Tatsächlich entwickelte sich jedoch etwas ganz anderes, das als »Kiezdeutsch« ins Bewusstsein trat und mittlerweile von der Berliner Linguistin Heike Wiese gründlich untersucht wurde. In diesem Fall handelt es sich um eine Form von Deutsch, die weniger auf türkischen Anleihen aufbaut, sondern eher Tendenzen des Deutschen weiterentwickelt, die etwas mit Vereinfachung zu tun haben. Beispiele sind »Lassma Kino gehen«, »Wir sind gleich Alexanderplatz«, »Die guckt so zu dir so«. Fremdwörter aus dem Türkischen oder Arabischen wie *yallah* (für »los«) bilden eher die Minderheit. Man kann sich darüber streiten, ob damit (wie Wiese meint) ein »neuer Dialekt« entstanden ist, sofern man Dialekte eigentlich mit Regionalität und der dort angesiedelten Gesamtbevölkerung verbindet, während »Kiezdeutsch« eher in Großstädten wie Berlin mit starkem Migrantenanteil und doch eher von Jugendlichen wie eine typische Jugendsprache mit ihrem Abgrenzungswunsch gesprochen wird.

Auf jeden Fall aber hat »Kiezdeutsch« nichts mit »Sprachverfall«, mit der »Zerstörung Deutschlands« oder ähnlichen Befürchtungen zu tun. »Kiezdeutsch« ist als eine Ergänzung zu betrachten, es zeugt von der Dynamik sprachlicher Prozesse in einer so komplexen Gesellschaft, wie sie das moderne Deutschland auszeichnet. Zaimoglu sprach bei seiner *Kanak Sprak* im Untertitel ironisch von »Misstönen am Rande der Gesellschaft«. Es mag schwerfallen, Erscheinungen wie »Kiezdeutsch« nicht als »Misston« aufzufassen oder auch als »schulterklopfende« Anbiederung an Randgruppen der Gesellschaft anzuprangern. Auch dies jedoch wird die deutsche Sprache vertragen und womöglich davon profitieren – wie von so vielem anderen in ihrer langen Entwicklung auch.

Schluss

»Was ist deutsch?«, fragte der Linguist Utz Maas im Titel eines umfangreichen Buches und suchte die Antwort im »Nachvollzug der langen Anstrengung, eine sprachliche Form zu finden, die den gesellschaftlichen Anforderungen des Zusammenlebens in Deutschland angemessen war (und ist)«. Wir wissen mittlerweile, was dies bedeutet: Wandel und Annäherung, um ein bekanntes Wort leicht abzuwandeln. Die deutsche Sprache war niemals in irgendeinem Sinne »fertig«, existierte nie in einer Form, die man als »rein«, alle weitere Entwicklung dagegen als Abweg betrachten könnte. Die deutsche Sprache war und ist vielmehr eine Art Projekt für genau das, was Maas formulierte: für die Bewältigung des Zusammenlebens.

Wir wissen mittlerweile etwas genauer, was dies bedeutet. Die Sprache versorgt ihre Sprecher mit den Möglichkeiten, sich auszudrücken – und dies auf sehr verschiedenen Ebenen. Die Literatur gehört dazu, ja hat sich als ein wichtiger Motor der Entwicklung erwiesen. Was in der Literatur ausprobiert wird, geht auf Dauer in den Alltag ein, veralltäglicht sich buchstäblich – manche sprachlichen Provokationen etwa des Expressionismus kommen heute als ganz normale Werbesprache daher.

Aber nicht nur wir selbst sind beteiligt, die Sprecher des Deutschen. Zum mitwirkenden Personal gehören auch die Nachbarn, alle diejenigen, die mit ihrer Kultur Ergänzung bieten. Dazu haben schon die Römer mit ihrem Latein beigetragen. Lange Zeit beherrschend waren die Franzosen, ohne die wir heute ebenso wenig im Bereich der Mode wie in dem des gesellschaftlichen Verkehrs bestehen könnten. Von den Italienern haben wir Ausdrücke im Bankenwesen und in der Musik. Die Engländer übernahmen seit dem 19. Jahrhundert die Führung im Bereich von Wirtschaft und Politik, die US-Amerikaner dominieren heute in den elektronischen Medien und in der Musikkultur. Wir wissen, dass alle anderen Nachbarn vielleicht weniger geliefert haben, doch nie unbeteiligt waren.

Das Wichtigste aber ist erst damit gesagt, dass aus all dem etwas »gemacht« wurde. Die deutsche Sprache hat die Einflüsse verarbeitet, bietet sie heute jedem zu freiem Gebrauch an und lädt ein, an der Weiterentwicklung teilzunehmen. Was wir nicht gebrauchen können, sind ideologische Phantasmen von »Reinheit« oder die Vermengung mit moralischen Kategorien wie »Treue« oder »Verrat«. Wir sind nicht nur »Erben«, die irgendetwas auf Gedeih und Verderb erhalten müssen. Wir sind aufgefordert, die Sprache flexibel zu halten und zu genau dem zu benutzen, worauf es ankommt: auf Mit- oder Zusammenarbeit. Allerdings schadet nicht von Zeit zu Zeit der Blick zurück in die Geschichte. Die deutsche Sprache hat viel davon zu bieten, viel Gelungenes. Für die Zukunft gibt dies durchaus Sicherheit und Selbstbewusstsein. Jammern war noch immer das falsche Rezept. Mitarbeiten ist auf jeden Fall besser.

Lektüretipps

Ahrens, Rüdiger (Hrsg.): Europäische Sprachenpolitik. European Language Policy. Heidelberg 2003.

Ammon, Ulrich: Die Stellung der deutschen Sprache in der Welt. Berlin u. a. 2015.

Berning, Cornelia: Vokabular des Nationalsozialismus. Berlin / New York 1998.

Besch, Werner u. a. (Hrsg.): Sprachgeschichte. Ein Handbuch zur Geschichte der deutschen Sprache und ihrer Erforschung. 4 Bde. Berlin / New York 1988–2004.

Born, Joachim und Stickel, Gerhard (Hrsg.): Deutsch als Verkehrssprache in Europa. Berlin / New York 193.

Carstensen, Broder und Busse, Ulrich (Hrsg.): Anglizismen-Wörterbuch. 3 Bde. Berlin / New York 1993–96.

Eichinger, Ludwig M. u. a. (Hrsg.): Sprache und Einstellungen. Mannheim 2012.

Eisenberg, Peter: Das Fremdwort im Deutschen. Berlin / New York 2011.

Gardt, Andreas (Hrsg.): Nation und Sprache. Die Diskussion ihres Verhältnisses in Geschichte und Gegenwart. Berlin / New York 2000.

Gärtig, Anne-Kathrin u. a. (Hrsg.): Wie Menschen in Deutschland über Sprache denken. Mannheim 2010.

Görlach, Manfred und Busse, Ulrich (Hrsg.): English in Europe. Oxford 2002.

Göttert, Karl-Heinz: Alles außer Hochdeutsch. Ein Streifzug durch unsere Dialekte. Berlin 2011.

– Deutsch. Biografie einer Sprache. Berlin 2010.

– Die Ritter. Stuttgart 2011.

Kalverkämper, Hartwig und Harald Weinrich (Hrsg.): Deutsch als Wissenschaftssprache. Tübingen 1986.

Kirkness, Alan: Geschichte des Deutschen Wörterbuchs 1838–1963. Stuttgart 1980.

Maas, Utz: Sprache und Sprachen in der Migrationsgesellschaft. Osnabrück 2008.

– Was ist deutsch? Die Entwicklung der sprachlichen Verhältnisse in Deutschland. München 2012.

Polenz, Peter von: Deutsche Sprachgeschichte vom Spätmittelalter bis zur Gegenwart. 3 Bde. Berlin / New York 1991–99.

Stickel, Gerhard (Hrsg.): Neues und Fremdes im deutschen Wortschatz. Aktueller lexikalischer Wandel. Berlin / New York 2001.

Zimmer, Dieter E.: Deutsch und anders. Die Sprache im Modernisierungsfieber. Reinbek 1997.

»Wie dunkel war das
›finstere Mittelalter‹ wirklich?
Und warum heißt es *Mittel*alter?
Begann es tatsächlich im Jahre 476?
Und wann hörte es auf?«